COOK MAL

kochen für beginner

Martina Frank

ALLER ANFANG IST EINFACH?

Kochen ist keine Zauberei! Sondern ein
Handwerk, das sich erlernen lässt. In diesem
Buch werden die Arbeitsschritte ganz einfach und leicht nachvollziehbar erklärt, um
das Basiswissen des Kochens kennenzulernen. Und so können auch Beginner ganz
schnell etwas Leckeres zaubern. Viel Spaß
beim Nachkochen und Ausprobieren!

INHALT

Küchenhelfer   6

Einkaufen   8

Aufbewahren   10

Warenkunde   12

Vorrat   14

Garmethoden   17

Küchenpraxis   18

SUPPE

Küchentipp: Zwiebel würfeln   22

Tomatensuppe   24

Tomatensuppe mit Reis   24

Hühnerbrühe   26

Nudelsuppe   26

Brokkolicreme   28

Gemüsecreme   28

Kürbissuppe   30

BROTAUFSTRICH

Forellenfrischkäse   32

Lauchquark   32

Guacamole   32

Kräuterbutter   32

Knoblauchbutter   32

Bruschetta   33

Hummus   33

Obatzda   33

Paprikarelish   33

SALAT

Küchentipp: Orange filetieren   36

Küchentipp: Mango schneiden   37

Orangen-Rucola-Salat   38

Mango-Mozzarella-Salat   40

Mozzarella mit Tomaten   40

Nudelsalat   42

Gurkensalat   44

Salat Mexiko   44

Kartoffelsalat   46

Möhrensalat   48

Krautsalat   50

DRESSING, SAUCE & PESTO

Vinaigrette   52

Béchamelsauce   52

Sahnesauce   52

Zaziki   52

Basilikumpesto   53

Tomatenpesto   53

Erdnusssauce   53

NUDEL & REIS

Spaghetti carbonara   56

Schinkennudeln   56

Penne mit scharfer Sauce   58

Sauce Bolognese und Lasagne   58

Farfalle mit Thunfisch-Salsa   60

Kässpatzn   62

Risotto   64

China-Reispfanne   66

Nudelpfanne   66

EIER

Spiegelei   68

Strammer Max   68

Eibrot   68

Pochierte Eier   68

Eierstich   69

Rührei   69

Gefüllte Eier   69

GEMÜSE

Wokgemüse	72
Coconut-Curry	72
Ofengemüse	74
Ratatouille	76

FLEISCH

Schweinebraten	80
Kalter Braten	80
Rinderbraten	82
Paniertes Schnitzel	84
Schnitzel natur	84
Fleischpflanzerl	86
Hackbraten wie bei Oma	86
Geschnetzeltes	88
Exotisches Curry	88
Chili con Carne	90
Mexikanische Tortillas	90
Chili-Chicken	92
Brathähnchen	94

FISCH

Küchentipp: Fisch filetieren	98
Fisch aus dem Ofen	100
Fisch in Folie	100
Gebratenes Fischfilet	102
Asiatisches Fischfilet	102
Garnelen mit Spaghetti	104
Garnelen mit Reis	104

SÜSSES

Pfannkuchen	108
Kaiserschmarrn	110
Zwetschgenkompott	110
Apfeltiramisu	112
Klassisches Tiramisu	112
Panna Cotta	114
Bayrische Creme	114
Milchreis	116
Reisauflauf	116
Mousse au Chocolat	118
Crêpes mit Mousse	118
Creme Caramel	120
Creme Brulée	120

FRUCHTIGES

Fruchtsalat	122
Obstsalat	122
Fruchtpüree	122
Brombeerquark	122
Rhabarberkompott	123
Mangosorbet	123
Erdbeereis	123

BACKEN

Gefüllter Blätterteig	126
Gemüsekuchen mit Speck	128
Quiche Lorraine	128
Amarettini	130
Kokosmakronen	130
Apfelkuchen	132
Kirsch-Schoko-Kuchen	132

EXTRA

Maße und Gewichte	134
Tischdeko	136
Servietten falten	138
Register	140
Beilagen	142

POSTER

Beilagenrezepte für Reis, Nudeln, Kartoffel-püree oder Knödel stehen auch auf dem Poster in der Innentasche ganz hinten.

KÜCHENHELFER

1 Sieb

Beim Abseihen von Brühen oder Durchpassieren macht sich ein feines Haarsieb nützlich. Ein grobes wird zum Abgießen von Nudeln und zum Waschen von Salat, Obst und Gemüse gebraucht.

2 Kochlöffel

Unverzichtbar in jeder Küche! Das »Kochzepter« kommt beim Rühren, Mischen und Unterheben zum Einsatz. Und auch beim Probieren.

3 Reibe

Für Einsteiger eignet sich eine vierseitige Standreibe, die hobeln, raspeln und reiben kann. Achtung auf die Fingerkuppen!

4 Pfannen/Töpfe

Am besten in kleiner und großer Ausführung in den Küchenschrank stellen: eine Mini-Pfanne für »Ein-Mann-Portionen«, eine große für Pfannengerichte, einen kleinen Topf für Saucen und einen großen für Nudeln, Reis und Kartoffeln.

5 Pürierstab

Wird auch Stabmixer oder Zauberstab genannt und püriert jede Suppe cremig. Ist auch beim Herstellen von schaumigen Saucen und Milchmixgetränken eine große Hilfe.

6 Zitruspresse

Preiswert und gut: eine Presse mit Auffangschale für den Saft und einem Sieb, das die Kerne zurückhält.

7 Messer

Beginner brauchen ein kleines, spitzes zum Gemüseputzen, ein großes zum Kleinschneiden und ein Messer mit Wellenschliff, um Brot und Tomaten in Scheiben zu schneiden. Scharf müssen alle sein.

8 Sparschäler

Erleichtert das Schälen von Möhren, Kartoffeln, Gurken und Spargel.

9 Dosenöffner

Wie soll man denn sonst Dosen öffnen?

10 Schneebesen

Optimal geeignet für klümpchenfreies Einrühren von Pulvern in Saucen. Ganz Eifrige schlagen damit auch Sahne steif. In jedem Fall macht er Quark- und Cremespeisen locker und luftig. Schnelle Köche verwenden den Handmixer statt Schneebesen.

11 Schaumkelle

Wie fischt man Knödel und Spätzle aus dem Salzwasser? Mit einer Schaumkelle geht das problemlos.

12 Schneidbrett

Sollen die Erdbeeren für die Nachspeise nach Knoblauch schmecken? Nein! Deshalb lohnt es sich, zwei Schneidbretter anzuschaffen. Unkompliziert sind Kunststoffbretter. Sie lassen sich in der Spülmaschine reinigen – im Gegensatz zu Holzbrettern.

13 Schöpfkelle

Damit werden Saucen und Suppen verteilt.

14 Pfannenwender

In beschichteten Pfannen nur mit Wendern aus Holz oder Kunststoff hantieren!

15 Messbecher

Macht sich beim Backen und Kochen nützlich. Bei vielen Messbechern sind nicht nur die Mengenangaben für Flüssigkeiten markiert, sondern auch für Mehl oder Zucker.

16 Waage

Ganz wichtig beim Backen, da es dort auf genaue Mengen ankommt. Eine gute Ergänzung zum Messbecher. Besonders praktisch sind Modelle mit Zuwiegefunktion und passender Schüssel.

All diese Küchenwerkzeuge gibt es auch in Luxusversionen. Aber mit dieser Auswahl lassen sich auch schon große Sprünge machen.

EINKAUFEN

Vor dem Einkauf eine gut strukturierte Liste schreiben! So wird nichts vergessen. Und es landen auch keine Fehlkäufe im Einkaufskorb. Die Liste am besten nach Warengruppen unterteilen – das spart viel Zeit im Supermarkt.

Nicht hungrig zum Einkaufen gehen! Sonst bringt man garantiert zu viel mit nach Hause.

Bei vielen Lebensmitteln reicht es, einmal pro Woche einkaufen zu gehen. Vorausgesetzt, es gibt genügend Aufbewahrungsmöglichkeiten. Fleisch, Fisch, Milchprodukte, Gemüse und Obst möglichst frisch einkaufen.

Praktisch und umweltfreundlich: Stofftasche mit zum Einkaufen nehmen. Oder für den Transport der Einkäufe auf Lebensmittelkartons in den Geschäften zurückgreifen.

AUFBEWAHREN

Wo lässt sich was am besten aufbewahren und wie lange? Die nebenstehende Tabelle gibt darüber Auskunft. Auf dieser Seite ein paar Tipps, wie sich Lebensmittel im Kühlschrank am besten lagern lassen.

Alles immer gut verpackt oder in dicht schließenden Frischhaltedosen aufbewahren. Sonst bekommt der Emmentaler leicht eine Salaminote.

Gekochte Speisen erst abkühlen lassen, bevor man sie in den Kühlschrank stellt.

Fleisch aus luftdichten Verpackungen nehmen. Besser zum Aufbewahren in eine Schüssel legen und mit Folie abdecken. Geflügelfleisch besonders gut abdecken und von anderen Lebensmitteln fernhalten.

Fisch am besten in Folie und zusätzlich in Papier verpacken. Und auch im Kühlschrank nur 1 Tag aufheben.

Kühlschrank regelmäßig abtauen. Das spart Strom.

Was nicht in den Kühlschrank darf: Mango und andere Tropenfrüchte.

So lange lassen sich Lebensmittel aufbewahren:

PRODUKT	HALTBARKEIT
GRUNDNAHRUNGSMITTEL	
Brot	1 Woche
Eier	3 Wochen
Mehl	6 Monate
Müsli	2 Monate
Nudeln	1 Jahr
Reis	10 Monate
Salz	mind. 1 Jahr
Zucker	mind. 1 Jahr
GEMÜSE & KRÄUTER	
Auberginen	5 Tage
Brokkoli & Blumenkohl	1 Woche
Gurken	1 Woche
Ingwer	2 Wochen
Kartoffeln	2 Monate
Knoblauch	3 Monate
Kräuter	3 Tage
Kürbis	2 Wochen
Möhren	2 Wochen
Paprikaschoten	1 Woche
Pilze	2 Tage
Salat	3 Tage
Tomaten	5 Tage
Weißkohl	2 Wochen
Zucchini	5 Tage
Zwiebeln	3 Monate

PRODUKT	HALTBARKEIT
OBST	
Äpfel	2 Wochen
Bananen	1 Woche
Erdbeeren	2 Tage
Mango	1 Woche
Steinobst	5 Tage
Zitrusfrüchte	2 Wochen
FISCH & FLEISCH	
Braten	2 Tage
Fisch	1 Tag
Hackfleisch	max. 1 Tag
Salami	1 Woche
Schinken	1 Woche
Schnitzel	2 Tage
Wurst	5 Tage
MILCHPRODUKTE	
Butter	2 Wochen
Buttermilch	1 Woche
Frischkäse	1 Woche
Hartkäse	10 Tage
H-Milch	2 Monate
Joghurt	2 Wochen
Milch	1 Woche
Sahne	2 Wochen
Schmand	2 Wochen

Im Vorratsschrank kühl und trocken aufbewahren   Im Kühlschrank aufbewahren

WARENKUNDE

Wann ist Fisch wirklich frisch und warum sollte ich Hackfleisch am Tag des Kaufes verwenden? Wie erkenne ich Qualität? Es lohnt sich, die Lebensmittel kennenzulernen, mit denen man kochen will.

OBST & GEMÜSE

Liefern einen großen Anteil an Vitaminen und Mineralstoffen und sollten deshalb einen Großteil unserer Ernährung ausmachen. Nur knackfrisches Obst und Gemüse kaufen, am besten bio und wenn es bei uns Saison hat. Denn außerhalb dieser Zeit wird es häufig mit Spritzmitteln behandelt und so mit Schadstoffen belastet.

FLEISCH

Am besten immer frisch verwenden! Das gilt besonders für Hackfleisch – es bietet Bakterien eine besonders große Angriffsfläche. Lieber seltener Fleisch kaufen, dafür aber auf gute Qualität achten. Der höhere Preis für Biofleisch oder Qualitätsfleisch aus der Metzgerei zahlt sich in jedem Fall aus. Und Tipps zur perfekten Zubereitung von Schnitzel oder Braten gibt es beim Fachmann noch dazu.

FISCH

Frischekennzeichen bei ganzen Fischen: klare, nach außen gewölbte Augen, leuchtend rote Kiemen und glatte Haut. Finger weg, wenn der Fisch streng nach Fisch riecht.

ÖL

Hochwertiges, kaltgepresstes Öl für Salate verwenden. Mit seinem hohen Gehalt an mehrfach ungesättigten Fettsäuren verträgt es aber keine hohen Temperaturen. Zum Anbraten und Frittieren ist deshalb einfaches Pflanzenöl besser geeignet.

TIEFKÜHLPRODUKTE

Tiefkühlgemüse und -obst wird sofort nach der Ernte eingefroren. Es enthält noch viele Vitamine und kann frisches Gemüse und Obst gern mal ersetzen. Beim Einkauf beachten: Tiefkühlprodukte mit Reifschicht waren schon mal angetaut – lieber nicht kaufen. Aufgetautes nicht wieder einfrieren.

MILCHPRODUKTE

Frischkäse und Quark werden mit unterschiedlichem Fettgehalt angeboten – von Mager- bis Doppelrahmstufe. Sahne und Crème fraîche haben mindestens 30 % Fett und können deshalb mitkochen ohne auszuflocken. Wärmebehandelte Milchprodukte wie etwa H-Milch halten länger, haben aber auch einen etwas anderen Geschmack.

KRÄUTER

Basilikum, Petersilie und Schnittlauch lassen sich prima im Topf auf der Fensterbank ziehen. Und auch Rosmarin und Thymian gedeihen dort gut. Gekaufte Kräuter im Bund in ein feuchtes Tuch wickeln und in einer Plastiktüte ins Gemüsefach des Kühlschranks legen. Im Winter tiefgekühlte oder getrocknete Kräuter verwenden.

Geöffnete Packungen entweder gut verschließen oder den Inhalt in Vorratsdosen umfüllen.

ÖL

Neben einfachem Pflanzenöl, z. B. Sonnen-blumen- oder Distelöl, auch kalt gepresstes Olivenöl in den Vorrat stellen.

ESSIG

Gut, wenn man zwei Sorten hat: für traditio-nelle Gerichte Weinessig, für mediterrane den mild-süßlichen Aceto balsamico verwenden.

HONIG & MARMELADE

Versüßen die Frühstückssemmel. Mit Honig auch mal Dressings, Marinaden und Desserts süßen.

GEWÜRZE

Für den Anfang reichen Pfeffer, Paprikapulver, Kümmel, Muskatnuss, Chilipulver und Sojasauce. Getrocknete Gewürze im Vorrats-schrank dunkel und kühl aufbewahren.

NÜSSE & PINIENKERNE

Verleihen Gerichten ein feines, nussiges Aroma. Nur kleine Mengen kaufen. Die Kerne können ranzig werden.

MEHL

Die Typenzahl gibt Auskunft, wie viele Mineralstoffe im Mehl enthalten sind. Hohe Typenzahl bedeutet hoher Anteil an gesunden Inhaltsstoffen. Normales Super-marktmehl hat Type 405. Die dunkleren Weizenmehle Type 550 und 1050 brauchen meistens etwas mehr Flüssigkeit, z. B. beim Pfannkuchenbacken.

ZUCKER & SALZ

Trocken aufbewahrt halten Zucker und Salz fast ewig.

ZWIEBELN

Zwiebeln sind Basis für Saucen, passen in fast jedes Gemüsegericht und schmecken hervorragend in Salaten. Braune Zwiebeln passen gut zu Deftigem und lassen sich am besten aufheben. Weiße und rote schmecken milder und müssen schneller verbraucht werden.

KNOBLAUCH

Getrocknete Knollen lassen sich gut lagern. Die Zehen sollten fest und ohne grüne Triebe sein. Knoblauch nach dem Schälen nicht pressen, sondern mit dem Messer schneiden. Sonst wird er leicht bitter.

GEMÜSEBRÜHEPULVER

Für schnelle Suppen und Instant-Brühe oder zum Abschmecken von Saucen. Am besten Biopulver ohne Geschmacksverstärker kaufen.

PFEFFER

Gemahlener Pfeffer verliert schnell an Aroma. Besser ganze Körner kaufen und Pfeffer frisch aus der Mühle mahlen.

PESTO

Fruchtige oder würzige Paste, bei der die Grundzutaten mit Öl, Salz und Nüssen oder Käse cremig püriert werden.

TOMATENMARK

Konzentrierte Tomatenkraft aus der Tube, rundet jede Tomatensauce ab.

SENF

Mittelscharfer Senf verleiht Gerichten eine würzige Schärfe. Intensiver und schärfer schmeckt Dijon-Senf.

DOSEN

Für spontane Köche: Tomaten, Thunfisch oder Mais sind in Dosen lange haltbar und deshalb gut geeignet für den Vorrat.

NUDELN

Spaghetti schmecken sehr gut zu Bolognese und Pesto. Kurze Nudeln wie Penne oder Farfalle können viel Sauce aufnehmen. Italienische Nudeln bestehen nur aus Hartweizengrieß und Wasser, für deutsche Nudeln wird meistens auch Ei verwendet.

REIS

Langkornreis eignet sich gut als Beilage oder für Reispfannen. Risottoreis ist Rundkornreis und ideal für cremige Reisgerichte und Milchreis.

WEIN

Bringt Extra-Geschmack an die Sauce. Weißwein für helles Fleisch verwenden, Rotwein für dunkles. Und am besten den Wein nehmen, den man auch zum Essen trinken möchte.

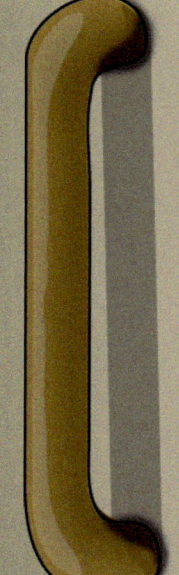

GARMETHODEN

KOCHEN

Kräftiges Garen in siedender Flüssigkeit bei Temperaturen um 100°. Für Suppen, Eintöpfe und Saucen sowie Kartoffeln, Nudeln und Reis.

SCHMOREN

Scharfes Anbraten und anschließendes Köcheln des Gerichts im zugedeckten Topf mit Flüssigkeit. Für Fleisch und kräftiges Gemüse.

BRATEN

Garen in einer Pfanne mit wenig Fett bei hohen Temperaturen. Für Fleisch, Eier, Kartoffeln und festes Gemüse sowie kräftigen Fisch.

DÜNSTEN

Schonendes Garen im eigenen Saft mit wenig Flüssigkeit und Fett. Für Gemüse, Fisch oder zarteres Fleisch.

FRITTIEREN

Knuspriges Ausbacken der Lebensmittel in reichlich heißem Fett bei sehr hohen Temperaturen. Für Kartoffeln und Gemüsestückchen sowie für Fleisch und Fisch. Eine Panade schützt die Zutaten und macht sie noch knuspriger.

WOKKEN

Kurzes scharfes Braten mit wenig Fett unter ständigem Rühren. Für klein geschnittenes Gemüse und Fleisch sowie Fisch.

KÜCHENPRAXIS

Bevor es mit dem Kochen los geht, alle Zutaten in Reichweite stellen. Dann muss man während des Kochens nicht lange suchen. Außerdem hilfreich: erforderliche Lebensmittel vorher abwiegen und vorbereiten, d. h. waschen, putzen oder klein schneiden. Töpfe und Pfannen ebenfalls bereitstellen.

Backofen frühzeitig vorheizen. Manche Öfen brauchen bis zu 15 Min., bis sie die richtige Temperatur erreicht haben.

Mit zugedecktem Topf kochen. Das spart Energie. Bei Elektro-Kochplatten und Cerankochfeld gegen Ende der Garzeit die Hitze reduzieren, um die Restwärme auszunutzen.

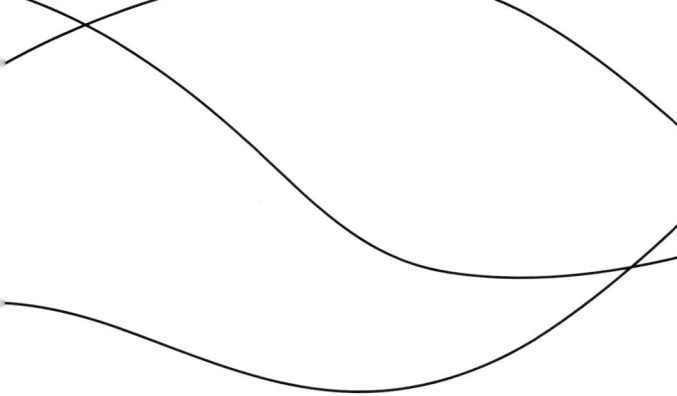

Vor dem Kochen das Rezept nochmal komplett durchlesen, damit man nichts außer Acht lässt.

Tiefkühlprodukte rechtzeitig auftauen lassen, am schonendsten im Kühlschrank.

„Resteverwertung": Aus übrig gebliebenen Beilagen wie Kartoffeln, Nudeln oder Reis lassen sich mit ein paar frischen Zutaten neue leckere Gerichte zubereiten: z. B. Kartoffelsalat (s. Seite 46), Nudelsalat (s. Seite 42) oder China-Reispfanne (s. Seite 66).

Abkürzungen in diesem Kochbuch:
EL = Esslöffel
TL = Teelöffel
Msp = Messerspitze
Min. = Minute
Std. = Stunde
TK = Tiefkühl

SUPPE

ZWIEBEL WÜRFELN

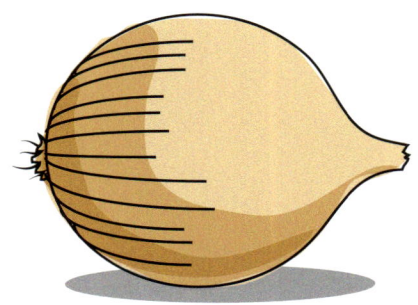

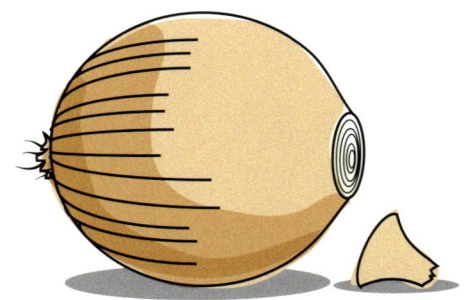

1 Das spitze Ende der Zwiebel abschneiden.

2 Die Zwiebelschale einritzen. Zwiebel schälen.

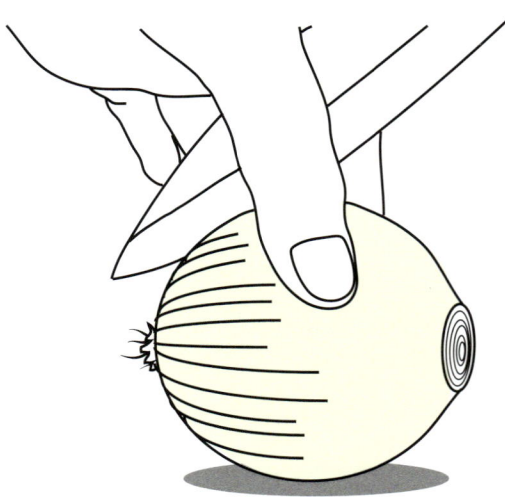

3 Jetzt die Zwiebel halbieren.

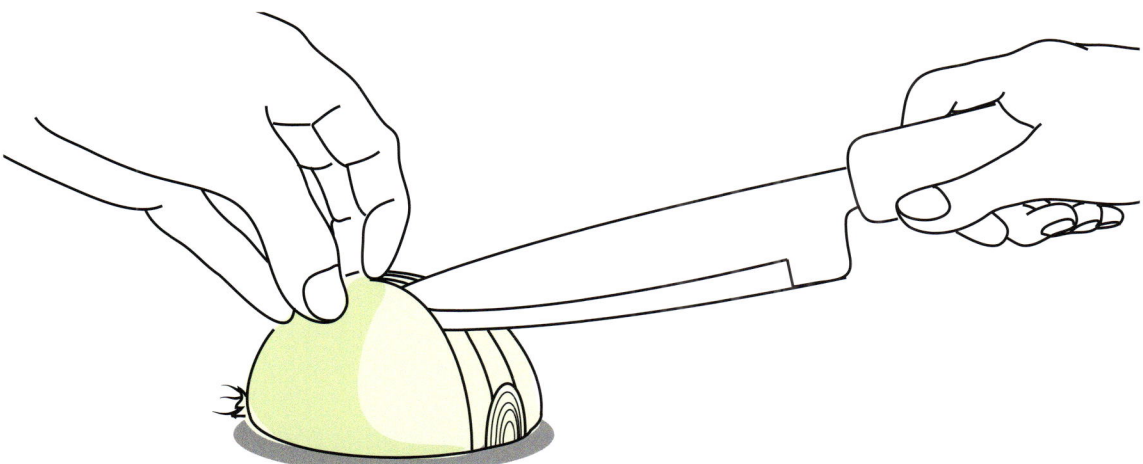

4 Zwiebelhälfte mehrmals längs einschneiden – nicht ganz bis zur Wurzel, damit sie noch zusammenhält.

5 Jetzt die Zwiebelhälfte quer einschneiden.

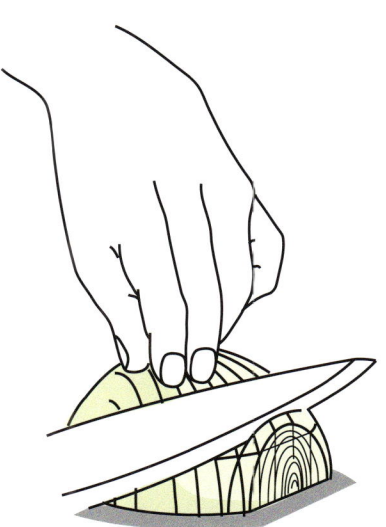

6 So lassen sich bequem Würfel schneiden.

TOMATENSUPPE

FÜR 4 PERSONEN

In 20 Min. fertig

2 Zwiebeln
1 EL Öl
2 Dosen Tomaten (Füllgewicht 400 g)
1 TL getrockneter Oregano
1/4 l Gemüsebrühe
2 EL saure Sahne
Salz, Pfeffer, Zucker
Basilikumblätter zum Dekorieren

1 Die Zwiebeln schälen und würfeln (s. Tipp Seite 22).

2 Das Öl in einem Topf erhitzen. Zwiebelwürfel darin bei mittlerer Hitze in 3–4 Min. glasig andünsten.

3 Die Tomaten in der Dose mit einem Messer zerteilen, auf die Zwiebeln gießen und aufkochen. Alles mit Oregano würzen. Die Gemüsebrühe dazugießen.

4 Die Suppe nochmals aufkochen lassen, dann mit dem Pürierstab cremig pürieren. Die saure Sahne unterrühren.

5 Suppe mit Salz, Pfeffer und Zucker abschmecken und mit Basilikumblättern garniert servieren.

TIPP!

Übrige Suppe als Basis für Nudelsaucen verwenden. Dazu nach Wunsch noch 1 kleine Aubergine oder 1 Zucchino waschen, von den Enden befreien und in Scheiben oder Würfel schneiden. In 1 EL Olivenöl anbraten, dann Suppenrest dazugeben und alles noch 10–15 Min. zugedeckt schmoren lassen. Sauce mit Mozzarellastückchen vermischen und zu Spaghetti oder Makkaroni servieren.

✳ VARIANTE
TOMATENSUPPE MIT REIS

Reis in der pürierten Suppe nach Packungsanweisung in 15–20 Min. zugedeckt garen. Falls nötig, etwas Wasser angießen. Suppe mit 1 Klecks geschlagener Sahne anrichten.

HÜHNERBRÜHE

FÜR 4–6 PERSONEN

In gut 3 Std. fertig

1 küchenfertiges Suppenhuhn
(ca. 1,5 kg)
1 Bund Suppengrün
(Wurzelgemüse, ca. 400 g)
1 Zwiebel
Salz, Pfeffer
3 EL Schnittlauchröllchen

**✳ VARIANTE
NUDELSUPPE**

In der Brühe Suppennudeln, z. B. Stern-chen-, Buchstaben- oder Fadennudeln, nach Packungsanweisung kochen. Suppe sofort genießen.

1 Das Suppenhuhn waschen und mit 3 l Wasser in einen großen Topf geben. Wasser bei starker Hitze aufkochen, dann die Hitze reduzieren.

2 Während das Wasser aufkocht, das Suppengrün waschen, putzen bzw. schälen und klein schneiden. Gemüse mit der ganzen, ungeschälten Zwiebel zum Huhn geben. Alles mit Salz und Pfeffer würzen und 2 3/4–3 Std. bei schwacher Hitze zugedeckt ganz leicht köcheln lassen.

3 Das Huhn aus der Suppe nehmen und beiseitestellen. Geschirrtuch in ein Haarsieb legen. Suppe durch das Sieb in einen Topf abgießen.

4 Jetzt die Suppe entweder in Teller füllen, mit Schnittlauch bestreuen und ser-vieren. Oder Suppe abkühlen lassen. Dann lässt sich das Fett leicht abnehmen.

TIPP!

Das Hühnerfleisch vom Knochen lösen, klein würfeln und als Einlage in die Suppe geben. Dazu nach Wunsch noch 1 Möhre klein würfeln, 1 Stange Sellerie in feine Scheiben und 1/2 Stange Lauch in Ringe schneiden. Das Gemüse in die kochende Brühe geben und darin in ca. 5 Min. bissfest garen.

BROKKOLICREME

FÜR 4 PERSONEN
In 25 Min. fertig
1 Zwiebel
500 g Brokkoli
1 EL Öl
1 l Gemüsebrühe
100 g Sahne (1/2 Becher)
Salz, Pfeffer
frisch geriebene Muskatnuss

1 Die Zwiebel schälen und würfeln (s. Tipp Seite 22). Brokkoli waschen, putzen und in Röschen teilen. Stiele schälen und grob zerkleinern.

2 Das Öl in einem Topf erhitzen. Zwiebelwürfel darin bei mittlerer Hitze in 3–4 Min. glasig andünsten. Den Brokkoli dazugeben. Die Gemüsebrühe dazugießen und aufkochen. Alles zugedeckt 10–12 Min. köcheln lassen, bis der Brokkoli weich ist.

3 Die Sahne einrühren und alles mit dem Pürierstab fein pürieren.

4 Suppe mit Salz und Pfeffer abschmecken. Zum Anrichten 1 Prise Muskatnuss über die fertige Suppe reiben und Suppe mit Brot servieren.

TIPP!

Brokkolisuppe mit kleinen Schwarzbrotrauten servieren. Auch Croûtons schmecken dazu sehr lecker: Für 4 Portionen 4 Scheiben Toastbrot in Würfel schneiden und in einer Pfanne in 2–3 EL Butter in ca. 4 Min. goldgelb und knusprig braten.

✳ VARIANTE
GEMÜSECREME

Die Suppe kann nach Appetit und Marktangebot variiert werden. Sie schmeckt z. B. auch sehr gut mit 500 g Zucchini oder Blumenkohl.

KÜRBISSUPPE

FÜR 4 PERSONEN

In 40 Min. fertig

1 Hokkaido-Kürbis (ca. 600 g)
1 Zwiebel
1 Stück frischer Ingwer (ca. 2 cm)
1 EL Öl
1/2 l Gemüsebrühe
1 Orange
150 ml ungesüßte Kokosmilch
1 TL Chilipulver
Salz
4 EL Kürbiskerne
2 EL Kürbiskernöl

TIPP!

Die Suppe lässt sich hervorragend am Tag vorher zubereiten. Denn auch aufgewärmt schmeckt sie wunderbar.

1 Den Hokkaido-Kürbis mit Schale waschen und halbieren. Kerne mit einem Löffel herausschaben und den Kürbis mit Schale in ca. 5 cm große Stücke schneiden. Es sollten ca. 500 g Kürbiswürfel übrig bleiben.

2 Die Zwiebel und den Ingwer schälen und klein würfeln (s. Tipp Seite 22).

3 Das Öl in einem großen Topf (nachher kommt noch der Kürbis dazu) erhitzen. Zwiebel- und Ingwerwürfel darin bei mittlerer Hitze in 3–4 Min. glasig andünsten. Kürbisstücke dazugeben und ca. 5 Min. mitdünsten. Gemüsebrühe dazugießen und kurz aufkochen. Dann die Hitze reduzieren und den Kürbis 15–20 Min. zugedeckt kochen lassen, bis er weich ist.

4 Die Suppe im Topf pürieren.

5 Die Orange auspressen und den Saft zusammen mit der Kokosmilch und dem Chilipulver unter die pürierte Suppe rühren. Alles nochmals aufkochen und mit ca. 1/2 TL Salz würzen.

6 Die Kürbiskerne in einer Pfanne ohne Fett anrösten. Die Suppe auf vier Teller verteilen und jeweils mit 1 Schuss Kürbiskernöl und 1 EL Kürbiskernen servieren.

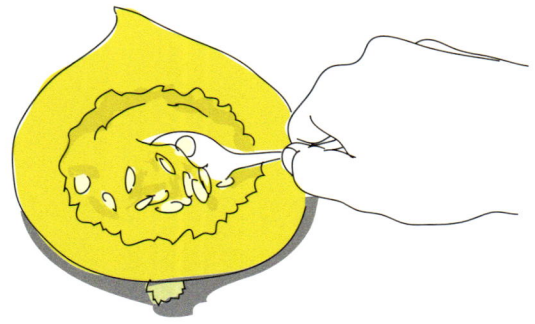

BROTAUFSTRICH

FORELLENFRISCHKÄSE

Fein auf Toast: 125 g geräucherte Forel-
lenfilets in einer Schüssel mit der Gabel
zerdrücken und mit 200 g Frischkäse
(1 Packung) und 1 Schuss Sahne vermischen. Creme mit Zitronensaft, Salz und
Pfeffer abschmecken.

LAUCHQUARK

Muntermacher auf der Frühstückssemmel: 1/2 Stange Lauch putzen, gründlich
waschen und in ganz dünne Streifen
schneiden. 250 g Quark (Magerstufe) mit
1 Schuss Sahne glatt rühren. Die Lauch-
streifen unterrühren. Den Quark mit Salz
und Pfeffer abschmecken.

GUACAMOLE

Mexikanischer Dip für Tortilla-Chips, der
auch prima auf Brot schmeckt: 1 reife,
weiche Avocado schälen und halbieren.
Kern entfernen. Das Fruchtfleisch in kleine
Stücke schneiden und mit einer Gabel
zerdrücken. 1 kleine Zwiebel schälen und
sehr fein würfeln (s. Tipp Seite 22).
1–2 Tomaten waschen und ohne die Stielansätze fein würfeln. Avocado mit den
Zwiebel- und Tomatenwürfeln vermischen.
Mit 1–2 EL Zitronensaft, Salz und Pfeffer
abschmecken. Tipp: Den Avocadokern bis
zum Servieren in die Guacamole stecken.
Dann verfärbt sie sich nicht so schnell.

KRÄUTERBUTTER

Gut auf Baguette: 100 g weiche Butter
mit 3–4 EL fein gehackten, frischen Kräutern,
z. B. Petersilie, Schnittlauch, Zitronen-
melisse, Estragon oder Dill, verrühren.
1 Spritzer Zitronensaft untermengen.
Butter mit Salz und Pfeffer abschmecken.

KNOBLAUCHBUTTER

Passt zu Brot und zu Gegrilltem: Knoblauchbutter wie Kräuterbutter zubereiten,
statt Kräutern aber 2–3 Knoblauchzehen
untermischen. Dazu den Knoblauch
schälen und sehr fein würfeln. Knoblauch
nicht durch die Presse drücken, sonst wird
er bitter.

BRUSCHETTA

Italienischer Klassiker: Für 4 Scheiben
Weißbrot 2 Knoblauchzehen schälen,
2 Tomaten waschen, ohne den Stielansatz
fein würfeln und vorsichtig salzen und
pfeffern. 1 EL schwarze Oliven ohne Stein
würfeln. Die Weißbrotscheiben toasten, mit
Knoblauch einreiben und mit 1 EL Olivenöl
beträufeln. Tomaten und Oliven auf das
warme, knusprige Weißbrot geben.
Die Brote gleich essen oder Backofen auf
200° (Umluft 180°) vorheizen und
Bruschetta noch 3–4 Min. im heißen Ofen
(Mitte) erhitzen.

HUMMUS

Besonders gut zu Fladenbrot: Kichererbsen aus der Dose (Abtropfgewicht 265 g)
in ein Sieb abgießen. 1–2 Knoblauchzehen
schälen und grob zerkleinern. Kichererbsen mit Knoblauch, 1 Prise Kreuzkümmel
und 5 EL Olivenöl in einen hohen Becher
geben und mit dem Pürierstab pürieren.
Das Mus mit 3 EL Sesampaste (Asienladen)
und 1 Spritzer Zitronensaft verrühren und
mit Salz und Pfeffer abschmecken.

OBATZDA

Am besten mit Brezn und Bier genießen:
1 reifen Limburger Käse (200 g) und
1 Camembert (150 g) mit Rinde in Stück-
chen schneiden und mit der Gabel
zerdrücken. 200 g Frischkäse (1 Packung)
unterrühren. 1 kleine Zwiebel schälen,
würfeln (s. Tipp Seite 22) und mit
1–2 EL weicher Butter unter die Käsemasse
rühren. Alles mit 1 TL Paprikapulver,
Salz und Pfeffer vermischen. Für besonders cremigen Obatzdn: 1–2 EL Bier
untermischen.

PAPRIKARELISH

Fürs Abendbrot: Backofen auf 150° vorheizen. 1 gelbe und 1 rote Paprikaschote
waschen, halbieren, entkernen, mit Öl
bestreichen und im heißen Ofen (Mitte,
Umluft 130°) 40–50 Min. backen, bis
die Schale Blasen wirft und dunkel wird.
Die Paprika aus dem Ofen nehmen und
abkühlen lassen, dann die Haut mit einem
kleinen Messer abziehen. Fruchtfleisch in
kleine Würfel schneiden. 1 Knoblauchzehe
schälen, hacken und mit den Paprikawürfeln, 3 EL Olivenöl, 1 EL Essig und 1 TL gehackter Petersilie vermischen. Relish mit
Zucker, Salz und Pfeffer abschmecken.

SALAT

ORANGE FILETIEREN

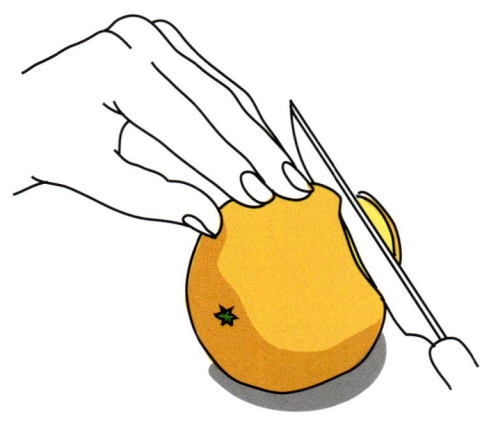

1 Die Schale der Orange oben und unten abschneiden.

2 Orange »hinstellen«. Schale mit der weißen Haut abschneiden.

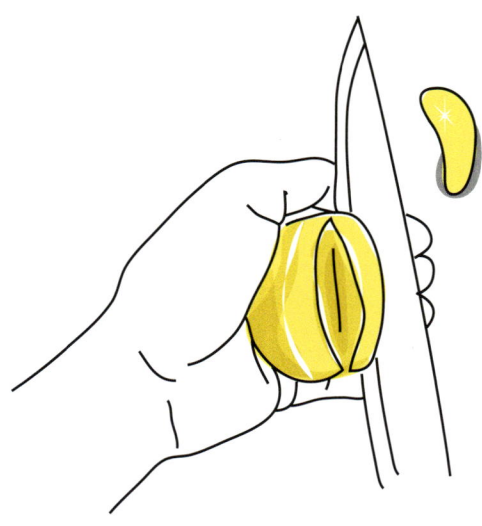

3 Filets zwischen den weißen Trennhäuten herausschneiden.

4 Die Filets eignen sich als Garnitur oder für Salate.

MANGO SCHNEIDEN

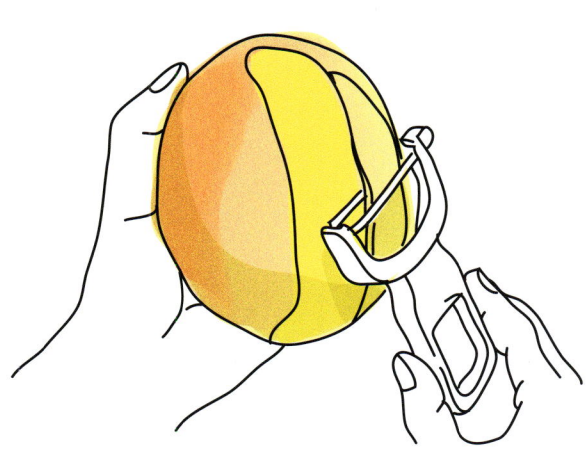

1 Die Mango mit einem Sparschäler schälen.

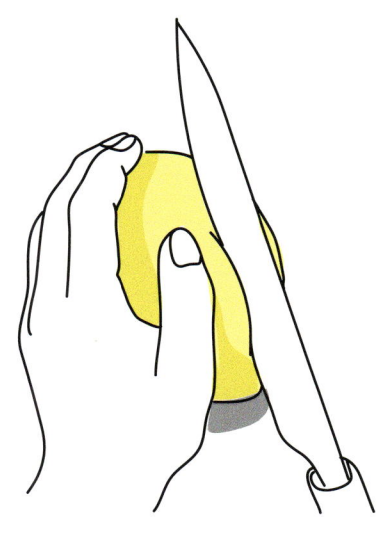

2 Seitlich am Kern vorbei das Fruchtfleisch abschneiden.

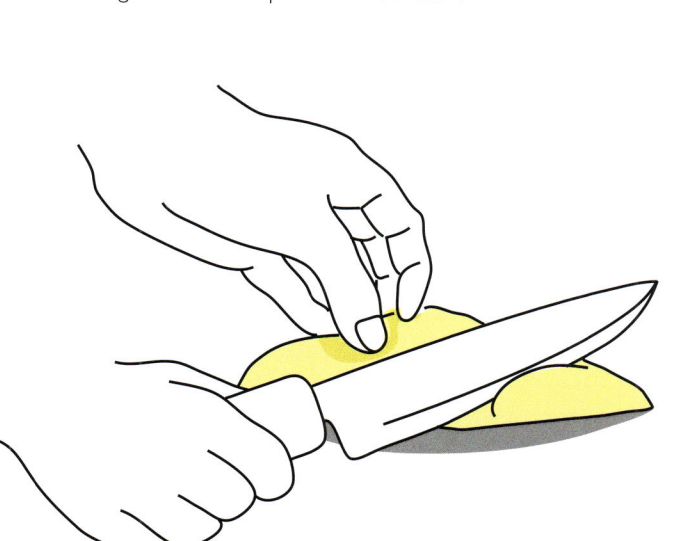

3 Das Fruchtfleisch schräg in dünne Scheiben schneiden.

4 Mit den Scheiben kann man prima Desserts garnieren.

ORANGEN-RUCOLA-SALAT

 FÜR 4 PERSONEN

In 35 Min. fertig

250 g Rucola
2 Orangen
8 getrocknete Datteln
3 EL Aceto balsamico
1/2 TL Honig
Salz, Pfeffer
6 EL Olivenöl
2 EL Pinienkerne
1 kleines Stück Parmesan (ca. 30 g)

* VARIANTE
DAS PASST ZU RUCOLA

Auch Salatgurke, Tomaten, gewürfelte Paprikaschoten oder andere Salatsorten mischen sich gern unter Rucolasalat. Und gebratene Entenbrust, Putenbruststreifen oder Garnelen schmecken ebenfalls dazu. Lecker sind auch in Butter geröstete Weißbrotwürfel (s. Tipp Seite 28).

1 Rucola waschen. Grobe Stiele entfernen. Blätter trocken schleudern. Dazu Rucola entweder in die Salatschleuder geben oder in ein Geschirrtuch einschlagen und dies vorsichtig schütteln, bis der Salat trocken ist.

2 Orangen schälen, sodass auch die weiße Haut entfernt wird. Dann die Orangenfilets mit einem scharfen Messer zwischen den weißen Trennhäuten herausschneiden (s. Tipp Seite 36).

3 Die Datteln halbieren, entkernen und der Länge nach in feine Streifen schneiden.

4 Rucolablätter jeweils als Salatbett auf vier Teller verteilen. Orangenfilets und Dattelstreifen darüber verteilen.

5 Für die Salatmarinade in einem Schälchen Essig und Honig gut verrühren. Salz und Pfeffer unterrühren und das Öl gründlich unterschlagen.

6 Pinienkerne in einer Pfanne ohne Fett goldbraun anrösten. Vorsicht! Die Pinienkerne verbrennen leicht.

7 Marinade über dem Salat verteilen, Pinienkerne darüberstreuen und mit einem Sparschäler Parmesan über den Salat hobeln. Salat sofort servieren.

TIPP!

Salat mal mit essbaren Blüten von Gänseblümchen oder Kapuzinerkresse garnieren. Sieht nicht nur schön aus, sondern schmeckt auch sehr gut.

MANGO-MOZZARELLA-SALAT

FÜR 4 PERSONEN

In 15 Min. fertig

1 große, reife Mango

2 Kugeln Mozzarella (à 125 g)

1 EL Pinienkerne

2 EL Essig

4 EL Olivenöl

1 Prise Chiliflocken (türkisches Lebensmittelgeschäft; ersatzweise Cayennepfeffer)

Salz, Pfeffer

3 Stängel Basilikum

✳ VARIANTE
MOZZARELLA MIT TOMATEN

Für 2 Personen 2 Tomaten und 1 Kugel
Mozzarella in Scheiben schneiden.
Tomaten und Mozzarellascheiben auf
einem Teller anrichten. 1 EL Essig und
2 EL Olivenöl darüberträufeln und alles
mit Salz und Pfeffer würzen. 1 Handvoll
Basilikumblätter darüberstreuen. Salat mit
Weißbrot servieren.

1 Die Mango schälen und am Kern
vorbei große Stücke abschneiden. Stücke
dann in dünne Scheiben schneiden
(s. Tipp Seite 37). Mozzarellakugeln ebenfalls in dünne Scheiben schneiden.

2 Mango- und Mozzarellascheiben
dachziegelartig auf einem Teller oder einer
Platte abwechselnd auslegen.

3 Die Pinienkerne in einer Pfanne bei
mittlerer Hitze goldbraun anrösten.

4 Mango und Mozzarella mit Essig und
Öl beträufeln. Die Pinienkerne und die
Chiliflocken darüberstreuen und alles mit
Salz und Pfeffer würzen.

5 Basilikum waschen und trocken
schütteln. Blätter von den Stielen zupfen
und auf den Salat verteilen.

NUDELSALAT

FÜR 4 PERSONEN
In 40 Min. fertig (+Kühlzeit)

Salz
250 g kurze Nudeln (z. B. Fusilli,
kurze Makkaroni oder Penne)
1 kleine Zwiebel
3 Tomaten
100 g in Öl eingelegte, getrocknete
Tomaten
100 g in Öl eingelegte Paprikaschoten
2 EL Kapern
2 1/2 EL Essig
1 TL mittelscharfer Senf
1 EL gehackte Petersilie
Pfeffer, Zucker
4 EL Olivenöl
1 EL Sonnenblumenkerne

1 Für die Nudeln reichlich Wasser in einem großen Topf aufkochen und salzen. Die Nudeln ins kochende Salzwasser geben und darin nach Packungsanweisung bissfest kochen. Nudeln in ein Sieb abgießen, mit kaltem Wasser abschrecken und in eine große Schüssel geben.

2 Zwiebel schälen und klein würfeln (s. Tipp Seite 22). Tomaten waschen und ohne die Stielansätze in ca. 2 cm große Würfel schneiden. Zwiebel- und Tomatenwürfel zu den Nudeln geben.

3 Die eingelegten Tomaten und Paprikaschoten abtropfen lassen, in kleine Stücke schneiden und mit den Kapern zu den Nudeln geben.

4 Essig mit Senf, Petersilie und je 1 Prise Salz, Pfeffer und Zucker verrühren. Dann das Olivenöl unterrühren.

5 Salatsauce über die Nudeln und die übrigen Zutaten gießen. Sonnenblumenkerne darüberstreuen. Alles gut vermengen. Nudelsalat gleich servieren oder noch besser 2–4 Std. im Kühlschrank durchziehen lassen, danach noch einmal abschmecken und dann servieren.

✳ VARIANTE
MACH'S MEDITERRANER

100 g klein geschnittenen Fetakäse, 2–3 EL grüne Oliven ohne Stein und 2 milde Peperoni aus dem Glas in mundgerechten Stücken zum fertigen Nudelsalat geben.

GURKENSALAT

FÜR 4 PERSONEN

In 25 Min. fertig

1 Salatgurke
Salz
1 EL Naturjoghurt
1 TL gehackter Dill
1 1/2 TL Essig
2 1/2 EL Öl
Pfeffer, Zucker

1 Die Gurke mit dem Sparschäler schälen und mit dem Messer oder mit dem Gurkenhobel in dünne Scheiben schneiden. Gurken mit 1/2 TL Salz bestreuen und 20 Min. ziehen lassen.

2 Inzwischen für die Salatsauce den Joghurt mit dem Dill, Essig, Öl und je 1 Prise Salz, Pfeffer und Zucker vermischen.

3 Das Gurkenwasser, das sich gebildet hat, abgießen. (Die Flüssigkeit würde das Dressing verwässern). Die Gurken mit der Joghurtsauce vermischen und sofort servieren.

***VARIANTE
SALAT MEXIKO**

Die Gurke in Würfel schneiden und mit je 2–3 EL Maiskörnern und roten Bohnen aus der Dose sowie 1 gewürfelten Zwiebel mischen (s. Tipp Seite 22). Das Dressing wie oben beschrieben zubereiten und untermischen. Olé.

KARTOFFELSALAT

FÜR 4 PERSONEN
In 40 Min. fertig (+Kühlzeit)

1 kg vorwiegend
festkochende Kartoffeln
1 Zwiebel
2 1/2 EL Essig
1/8 l Gemüsebrühe
Salz, Pfeffer
3 1/2 EL Öl

1 Die Kartoffeln waschen und mit der Schale in einem großen Topf mit Wasser zugedeckt ca. 25 Min. kochen lassen, bis sie weich sind. Mit einer Gabel reinstechen und testen, ob sie weich genug sind.

2 Kartoffeln abgießen, etwas ausdampfen lassen, dann noch heiß pellen, in dünne Scheiben schneiden und in eine große Schüssel geben.

3 Die Zwiebel schälen, würfeln (s. Tipp Seite 22) und zu den Kartoffeln geben.

4 Essig und Brühe mit je 1 kräftigen Prise Salz und Pfeffer verrühren, das Öl unterschlagen und über die Kartoffeln gießen.

5 Alles gut vermengen. Kartoffelsalat gleich servieren oder noch besser 2–4 Std. im Kühlschrank durchziehen lassen, danach noch einmal abschmecken und dann servieren.

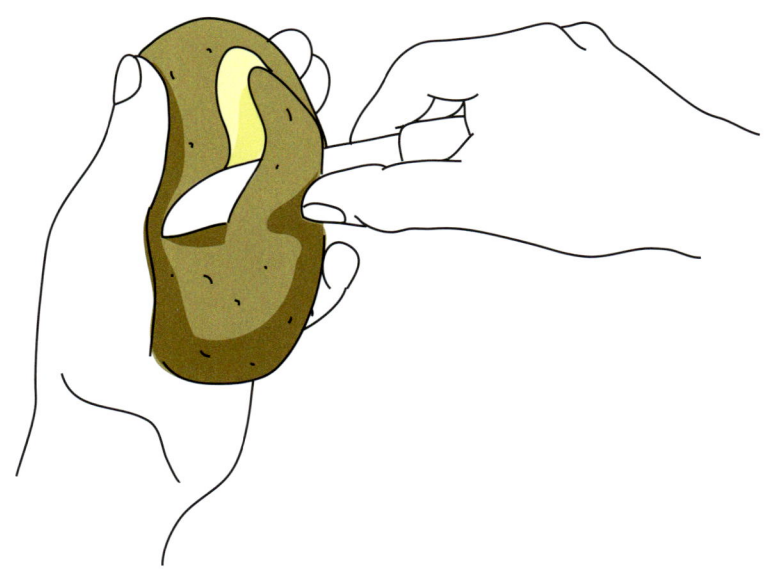

**＊ VARIANTE
MIT MAYONNAISE**
Den angemachten Kartoffelsalat zusätzlich mit 1–2 EL Mayonnaise vermischen und 2–3 klein gewürfelte Essiggurken unterheben. Lecker dazu sind auch 3–4 EL angebratene Speckwürfel.

MÖHRENSALAT

FÜR 4 PERSONEN

In 15 Min. fertig (+ Kühlzeit)

4 mittelgroße Möhren
2 1/2 EL Essig
1 TL Zucker
Salz, Pfeffer
3 1/2 EL Öl

1 Die Möhren mit dem Sparschäler schälen und mit der groben Reibe in eine Schüssel raspeln.

2 Den Essig mit dem Zucker sowie je 1 kräftigen Prise Salz und Pfeffer verrühren, dann das Öl unterrühren.

3 Die Möhren mit der Sauce vermischen. Salat gleich servieren oder noch besser 1–2 Std. im Kühlschrank durchziehen lassen, danach noch einmal abschmecken und dann servieren.

TIPP!

Zitronensaft kann den Essig ersetzen. Zusätzlich 1 TL gehackte Petersilie unterheben.

✱ **VARIANTE**
SAHNIGER SALAT

Wer's cremiger mag, verfeinert den fertigen Möhrensalat mit 2–3 EL Sahne.

KRAUTSALAT

FÜR 4 PERSONEN
In 20 Min. fertig (+Kühlzeit)
1/4–1/2 Kopf Weißkohl (ca. 500 g)
2–3 EL Speckwürfel (Kühltheke)
2 EL Essig
Zucker
Salz, Pfeffer
3 EL Öl

1 Kraut waschen. Äußere Blätter und den Strunk entfernen. Dann das Kraut in sehr dünne Streifen schneiden oder hobeln.

2 Die Speckwürfel in einer Pfanne ohne Fett in 2–3 Min. anbraten. Speckwürfel und ausgebratenes Fett mit den Krautstreifen in einer großen Schüssel vermischen.

3 Essig mit je 1 kräftigen Prise Zucker, Salz und Pfeffer verrühren, dann das Öl unterrühren.

4 Sauce über das Kraut und den Speck gießen und gründlich damit vermischen. Salat gleich servieren oder noch besser 2–4 Std. im Kühlschrank durchziehen lassen, danach noch einmal abschmecken und dann servieren.

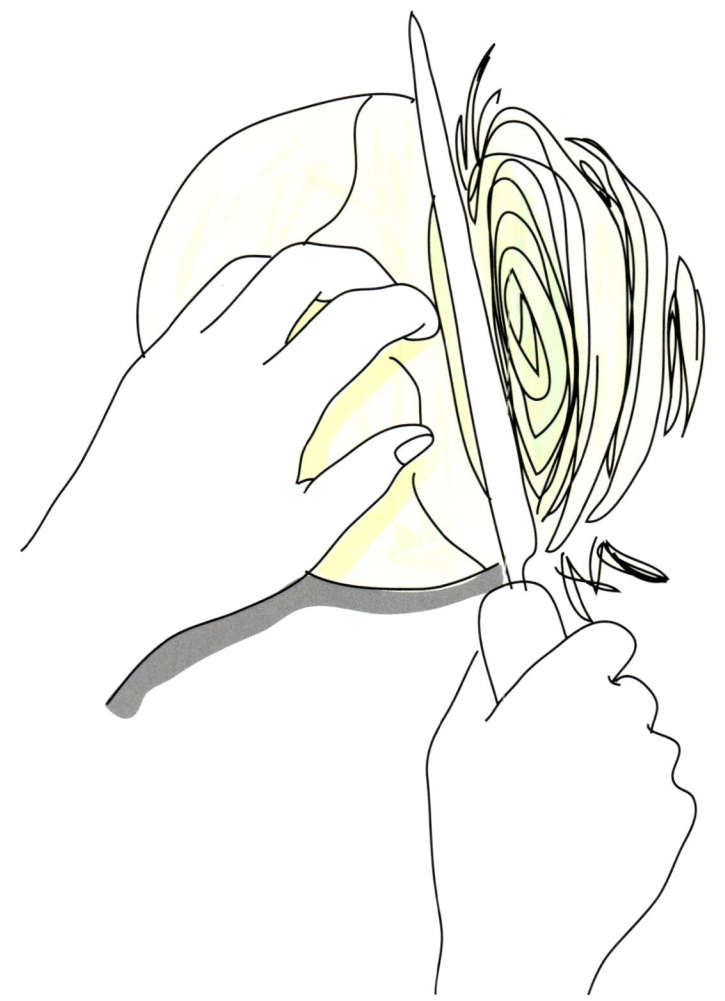

✳ VARIANTE
MACH'S ASIATISCH

1/4–1/2 Kohlkopf waschen, putzen, hobeln und mit einem Dressing aus 1/2 TL braunem Zucker, 1 EL Fischsauce, jeweils 2 EL Sweet-Chili-Sauce und Zitronensaft sowie 1 EL Sesamöl vermischen. Außerdem 2 EL fein gehackten Ingwer, 1 fein gehackte Knoblauchzehe und 2 EL geröstete, gehackte Erdnüsse dazugeben. Salat im Kühlschrank ziehen lassen, dann genießen.

VINAIGRETTE

Für Blattsalate: 1 EL Weißweinessig mit
je 1 Prise Salz, Zucker und Pfeffer mit der
Gabel verrühren. Nach Wunsch auch noch
1/2 TL mittelscharfen Senf untermischen.
Dann 2 EL Olivenöl unterschlagen. Statt
Weißweinessig schmeckt auch Aceto balsamico sehr gut. In diesem Fall den Zucker
und den Senf weglassen.

BÉCHAMELSAUCE

Für die Lasagne und überbackenes Gemüse:
50 g Butter in einem Topf unter Rühren
zerlassen, dann 50 g Mehl einrühren.
Wenn alles glatt gerührt ist, 3/4 l Milch
dazugeben und 10 Min. bei schwacher
Hitze köcheln lassen. Vorsicht! Brennt
leicht an. Sauce mit Salz, Pfeffer und frisch
geriebener Muskatnuss würzen.

SAHNESAUCE

Zu gebratenem Fleisch und Pilzen: 1 Zwiebel schälen, klein schneiden (s. Tipp
Seite 22) und in 1 EL Öl anbraten. 1 Schuss
Weißwein dazugeben und aufkochen. Jetzt
200 g Sahne (1 Becher) dazugießen. Alles
aufkochen und cremig einköcheln lassen.
Sauce mit Salz und Pfeffer abschmecken.

ZAZIKI

Zu gegrilltem Fleisch, Gemüse und
Fladenbrot: 1/2 Gurke schälen und raspeln.
1–2 Knoblauchzehen schälen und fein
hacken. Die Gurke und den Knoblauch mit
150 g Naturjoghurt (1 Becher) vermischen
und kräftig salzen.

DRESSING, SAUCE & PESTO

BASILIKUMPESTO

Zu Bandnudeln und Spaghetti: Blätter
von 1 Bund Basilikum abzupfen, waschen,
trocken tupfen und in einen hohen Becher
geben. 1 EL Pinienkerne in einer Pfanne
ohne Fett anrösten und dazugeben.
1 Knoblauchzehe schälen, grob zerkleinern
und mit 3 EL frisch geriebenem Parmesan
und 4 EL Olivenöl in den Becher geben.
Alles mit dem Pürierstab pürieren, bis das
Pesto sämig ist. Falls es zu dick ist, noch
1–2 EL Olivenöl unterrühren. Pesto mit Salz
und Pfeffer abschmecken.

TOMATENPESTO

Zu Nudeln und gegriltem Fleisch: 3–4 in
Öl eingelegte, getrocknete Tomaten mit
1 EL Haselnüssen, 1 EL frisch geriebenem
Parmesan, 1 EL grob gehackter Petersilie,
1 Spritzer Zitronensaft und 4–5 EL Olivenöl
pürieren. Pesto mit Salz und Pfeffer abschmecken.

ERDNUSSSAUCE

Zu Hähnchen- oder Putenfleisch:
160 ml Kokosmilch (1 kleine Dose) mit
5 EL Erdnussbutter und 1 EL Sojasauce
erhitzen und cremig verrühren. Warm oder
kalt genießen.

NUDEL & REIS

SPAGHETTI CARBONARA

FÜR 4 PERSONEN

In 25 Min. fertig

Salz

3 sehr frische Eier (Größe M)

Pfeffer

100 g Sahne (1/2 Becher)

2 EL frisch geriebener Parmesan

500 g Spaghetti

100 g Speckwürfel (Kühltheke)

TIPP!

Da die Eier nicht erhitzt werden, sollten sie sehr frisch sein.

1 Für die Spaghetti reichlich Wasser in einem großen Topf aufkochen und salzen.

2 Während das Wasser aufkocht, die Eier in eine Schüssel aufschlagen, mit Pfeffer und Salz vorsichtig würzen und mit der Sahne und dem Parmesan vermischen. Den Backofen auf 60° (Umluft 50°) vorheizen, eine Servierschüssel zum Vorwärmen reinstellen.

3 Die Spaghetti ins kochende Salzwasser geben und darin nach Packungsanweisung bissfest kochen.

4 Während die Nudeln kochen, die Speckwürfel 2–3 Min. in einer Pfanne ohne Fett anbraten. Speckwürfel und ausgebratenes Fett dann in die Servierschüssel geben und im Backofen weiter warmhalten.

5 Spaghetti in ein Sieb abgießen und sofort mit den Speckwürfeln in der angewärmten Servierschüssel vermischen.

6 Jetzt die Eiermischung über die Spaghetti gießen. Alles in der Schüssel schnell verrühren und sofort servieren.

✳ VARIANTE SCHINKENNUDELN

Für Schinkennudeln 500 g Fusilli, Penne oder Farfalle nach Packungsanweisung bissfest kochen. Inzwischen 1 Zwiebel schälen, würfeln (s. Tipp Seite 22) und in einer großen Pfanne in 1 EL Öl 3–4 Min. anbraten. Nudeln in ein Sieb abgießen und mit 100 g gekochten Schinkenwürfeln zu den Zwiebelwürfeln geben. Alles mit 2–3 verquirlten Eiern übergießen und gut vermischen. Schinkennudeln mit Salz und Pfeffer abschmecken und in der Pfanne servieren, z. B. mit einem grünen Salat.

PENNE MIT SCHARFER SAUCE

 FÜR 4 PERSONEN

In 40 Min. fertig

Salz
1 Zwiebel
2–4 Knoblauchzehen
1 EL Öl
300 g Speckwürfel (Kühltheke)
500 g Penne
1 EL Tomatenmark
1 Dose Tomaten (Füllgewicht 400 g)
50 ml Gemüsebrühe
1/2 TL Chiliflocken (türkisches
Lebensmittelgeschäft; ersatzweise
Cayennepfeffer)
je 1/2 TL getrockneter Rosmarin und
Oregano
1/2 TL Zucker
Pfeffer
200 g Schafkäse (Fetakäse; 1 Packung)

1 Für die Penne reichlich Wasser in einem großen Topf aufkochen und salzen.

2 Während das Wasser aufkocht, die Zwiebeln und den Knoblauch schälen, würfeln (s. Tipp Seite 22) und in einer großen Pfanne im Öl bei mittlerer Hitze kurz andünsten.

3 Speckwürfel dazugeben und 2–3 Min. mitbraten.

4 Die Nudeln ins kochende Salzwasser geben und darin nach Packungsanweisung bissfest kochen.

5 Während die Nudeln kochen, das Tomatenmark in die Pfanne geben und kurz mitrösten. Dann die Tomaten in der Dose mit einem Messer zerteilen, mit der Brühe unter die Zwiebel-Mischung rühren und miterhitzen. Sauce mit Chiliflocken, Rosmarin, Oregano, Zucker und Pfeffer würzen und bei schwacher Hitze weiterköcheln lassen.

6 Schafkäse mit der Reibe grob reiben und die Hälfte mit der Tomatensauce vermengen. Dann die Sauce vorsichtig mit Salz abschmecken.

7 Nudeln in ein Sieb abgießen, sofort mit der Tomatensauce vermischen und auf vier Teller verteilen. Restlichen Schafkäse darüberstreuen.

✳ VARIANTE
SAUCE BOLOGNESE UND LASAGNE

1 gewürfelte Zwiebel in 1 EL Öl anbraten. 300 g gemischtes Hackfleisch dazugeben und mitbraten, bis das Hackfleisch braun und krümelig ist. Dann 1 klein gewürfelte Möhre, 1/2 klein geschnittene Stange Lauch, 1 EL Tomatenmark und 1 Dose Tomaten (Füllgewicht 400 g) unterrühren. Alles mit Pfeffer, Salz und etwas Fleischbrühe würzen und mind. 20 Min. zugedeckt köcheln lassen. Dazu Spaghetti und frisch geriebenen Parmesan reichen. Für eine Lasagne zusätzlich Béchamelsauce (s. Seite 52) zubereiten. Abwechselnd Nudelplatten (Lasagnenudeln ohne Vorkochen), Béchamelsauce und die Sauce Bolognese in eine Auflaufform schichten, mit 100 g geriebenem Emmentaler bestreuen und im Ofen nach Packungsanweisung backen, bis die Nudelplatten weich sind.

FARFALLE MIT THUNFISCH-SALSA

 FÜR 4 PERSONEN

In 40 Min. fertig

Salz
1 Zwiebel
2 Knoblauchzehen
250 g Cocktailtomaten
1 EL Pinienkerne
500 g Farfalle
2 Dosen Thunfisch in Öl
2 EL Olivenöl
2–3 EL Kapern aus dem Glas
Pfeffer

1 Für die Farfalle reichlich Wasser in einem großen Topf aufkochen und salzen.

2 Während das Wasser aufkocht, Zwiebel und Knoblauch schälen. Die Zwiebel in Streifen, den Knoblauch in Würfel schneiden. Die Cocktailtomaten waschen. Die Pinienkerne in einer Pfanne ohne Fett anrösten und wieder herausnehmen.

3 Die Farfalle ins kochende Salzwasser geben und darin nach Packungsanweisung bissfest kochen.

4 Während die Nudeln kochen, Thunfisch abtropfen lassen. Olivenöl in der Pfanne erhitzen. Zwiebelstreifen und Knoblauch darin bei schwacher bis mittlerer Hitze in 2–3 Min. glasig andünsten. Die Zwiebeln dürfen noch Biss haben. Thunfisch dazugeben und in der Pfanne heiß werden lassen. Cocktailtomaten halbieren und mit den Kapern und den Pinienkernen 3–4 Min. in der Pfanne schwenken. Die Tomaten sollen heiß werden, aber nicht zerfallen – also nicht zu stark braten. Alles mit Salz und Pfeffer würzen.

5 Die Nudeln in ein Sieb abgießen und sofort mit der Salsa in der Pfanne vermengen.

TIPP!

Auch lecker: Die fertige Salsa mit 1 Handvoll Rucola und 100 g Schafkäsewürfeln (Feta) vermischen. Guten Appetit!

KÄSSPATZN

FÜR 4 PERSONEN

In 50 Min. fertig

400 g Mehl
4 Eier (Größe M)
Salz, frisch geriebene Muskatnuss
250 g geriebener Emmentaler
3 EL geröstete Zwiebeln (Supermarkt)

1 Mehl und Eier mit je 1 Prise Salz und Muskat mit den Knethaken des Handmixers verkneten, dabei ca. 1/8 l Wasser dazugeben, bis der Teig geschmeidig ist und zähflüssig vom Knethaken tropft.

2 Den Backofen auf 180° (Umluft 160°) vorheizen. Reichlich Wasser in einem großen Topf aufkochen und salzen.

3 Den Teig entweder mit einem Spätzlehobel ins kochende Salzwasser hobeln oder den Teig auf ein Holzbrett streichen und dann mit einem Messer Spätzle vom Brett schaben.

4 Sobald die Spätzle im Wasser aufsteigen, Spätzle mit einer Schaumkelle abschöpfen und abwechselnd mit etwas Käse in eine Auflaufform schichten.

5 Als letzte Schicht Käse einschichten. Alles mit den Zwiebeln bestreuen und 5–10 Min. im heißen Ofen (Mitte) leicht überbacken, nur so lange, bis der Käse zerlaufen ist.

✳ VARIANTE

Man kann die Spätzle auch in der Pfanne mit 100 g Sahne (1/2 Becher) und Käse zu einer cremigen Variante vermischen. Zum Schluss ebenfalls mit Zwiebeln bestreuen.

TIPP!

Spätzle am besten mit grünem Salat servieren.

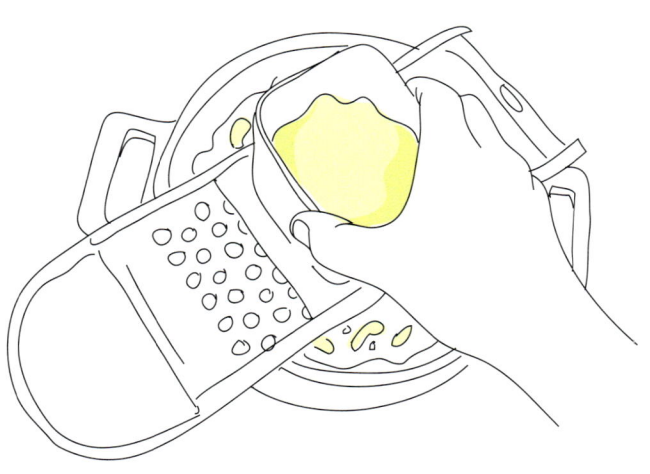

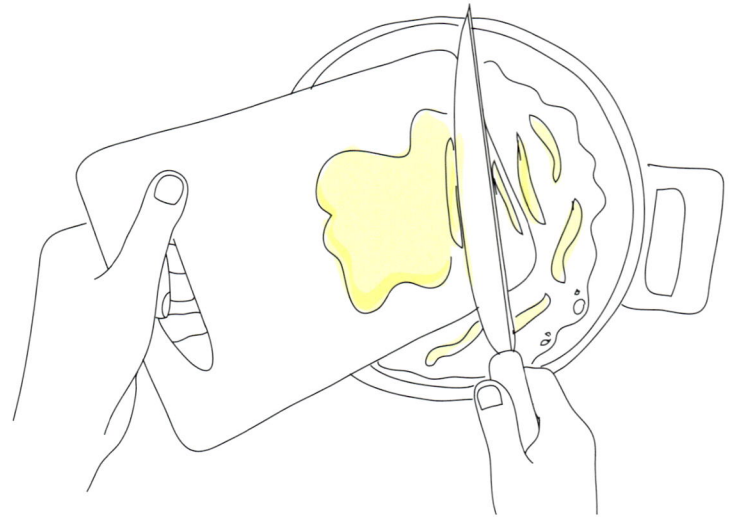

RISOTTO

FÜR 4 PERSONEN

In 30 Min. fertig

1 Zwiebel
1 EL Öl
2 Tassen Risottoreis (ca. 300 g)
1/8 l Weißwein
3/4 l Brühe
3–4 EL frisch geriebener Parmesan
Salz, Pfeffer

1 Die Zwiebel schälen und fein würfeln (s. Tipp Seite 22).

2 Das Öl in einem großen Topf erhitzen. Zwiebelwürfel darin in 3–4 Min. glasig andünsten. Dann den Reis dazugeben und 2–3 Min. mitdünsten.

3 Alles mit Weißwein ablöschen und umrühren. Sobald der Weißwein verkocht ist, nach und nach die Brühe dazugießen, dabei den Reis immer wieder umrühren und jeweils nur knapp mit Brühe bedecken. Reis auf diese Weise in 15–20 Min. bissfest garen.

4 Zum Schluss den Parmesan untermischen. Der Reis soll jetzt cremige Konsistenz haben. Risotto vorsichtig mit Salz und Pfeffer abschmecken und sofort servieren.

✳ VARIANTEN

Risotto lässt sich auf unzählige Weisen variieren – ob mit Gemüse, Meeresfrüchten, Pilzen oder Gewürzen wie Safran verfeinert. Gemüse einfach in kleine Würfel schneiden und mit den Zwiebeln mitgaren. Pilze oder Meeresfrüchte, z. B. Garnelen, in einer Extra-Pfanne anbraten und zum Schluss unter das fertige Gericht mischen.

TIPP!

Risotto schmeckt lecker als Beilage zu Fleischgerichten, mit einem Salat auch sehr gut als Hauptgericht.

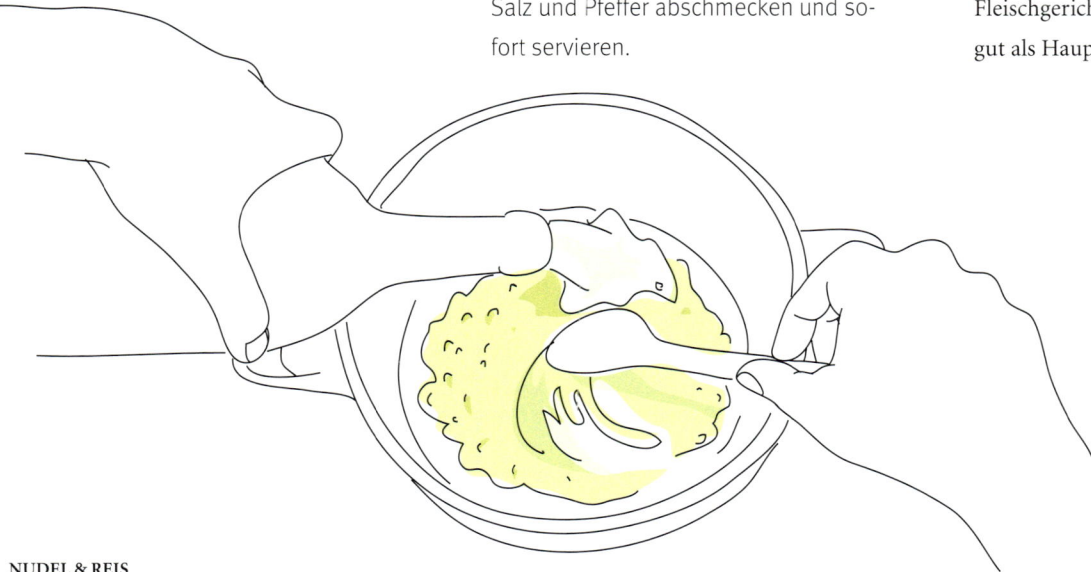

CHINA-REISPFANNE

FÜR 4 PERSONEN
In 40 Min. fertig

2 Tassen Langkornreis (ca. 300 g)
1 Zwiebel
1 Stück frischer Ingwer (ca. 2 cm)
500 g Hähnchenbrustfilet
je 1 rote und grüne Paprikaschote
2 Möhren
100 g Bambussprossen (aus dem Glas)
1 EL Öl
100 g aufgetaute TK-Erbsen
3 EL Sojasauce
1 EL Fischsauce
100 g Mungobohnensprossen
Salz, Pfeffer

TIPP!

Sowohl Fleisch als auch Gemüse können variiert werden. Lecker schmecken z. B. auch Schweine- oder Rindfleischfilet statt Hähnchen und Zuckerschoten oder Chinakohl statt Paprikaschoten oder Möhren.

1 Den Reis mit 4–5 Tassen Wasser nach Packungsanleitung in einem kleinen Topf in 20 Min. zugedeckt bissfest garen, dann vom Herd ziehen.

2 Während der Reis gart, die Zwiebel und den Ingwer schälen und in Würfel schneiden (s. Tipp Seite 22).

3 Das Hähnchenfleisch waschen, trockentupfen und in mundgerechte Stücke schneiden.

4 Die Paprikaschoten waschen, halbieren, entkernen und in schmale Streifen schneiden. Die Möhren mit dem Sparschäler schälen, in ca. 5 cm lange Stücke und diese dann längs in dünne Stifte schneiden. Die Bambussprossen abgießen.

5 Das Öl in einer großen Pfanne erhitzen. Zwiebelwürfel und Ingwer darin kurz anbraten. Das Fleisch dazugeben und unter Rühren bei starker Hitze 5–7 Min. mitbraten, bis es nicht mehr rosa ist.

6 Nach und nach Paprika, Möhren und Bambussprossen in die Pfanne geben und jeweils 1/2–1 Min. unter Rühren mitbraten. Dann den Reis und die Erbsen untermischen und mitbraten.

7 Alles mit Soja- und Fischsauce würzen. Bohnensprossen in die Reispfanne geben und miterhitzen. Alles mit Salz und Pfeffer abschmecken und sofort servieren.

✳ VARIANTE
NUDELPFANNE

Genauso funktioniert das Gericht auch mit Nudeln. Statt Reis einfach bissfest gegarte, schmale Bandnudeln verwenden.

SPIEGELEI

Schmeckt zu Spinat und Brot: Für 4 Spiegeleier 1–2 EL Butter in eine Pfanne geben und salzen. Die Eier aufschlagen und in die Butter gleiten lassen. Eier bei schwacher bis mittlerer Hitze 3–5 Min. braten, bis das Eiweiß nicht mehr durchsichtig ist. Das Eigelb soll flüssig bleiben. Zum Schluss Eier mit frisch geschnittenem Schnittlauch bestreuen, nach Wunsch noch pfeffern und salzen und sofort servieren.

STRAMMER MAX

So wird aus 1 Spiegelei eine kleine Mahlzeit: 1 Scheibe Brot mit Butter bestreichen und mit 1 Scheibe Schinken belegen. Darauf 1 frisch gebratenes Spiegelei (s. links) legen und genießen.

EIBROT

Statt Wurst oder Käse: 1–2 Eier (Größe M) in 7–8 Min. hart kochen und mit eiskaltem Wasser abschrecken. Dann pellen und in Scheiben schneiden. Auf einem Butterbrot anrichten, salzen und genießen.

POCHIERTE EIER

Werden auch verlorene Eier genannt und eignen sich besonders gut als Suppeneinlage oder Brotbelag: 1 l Wasser mit 2 EL Essig mischen und zum Kochen bringen. Pro Portion jeweils 1 Ei in eine Schöpfkelle aufschlagen und in das Essigwasser gleiten lassen. Jetzt die Hitze reduzieren. Das Ei nach 3–4 Min. mit dem Schaumlöffel herausnehmen und unter eiskaltem Wasser abschrecken.

EIERSTICH

Perfekt in der Suppe oder auf Sushi:
Wie bei Rührei (s. rechts) 4 Eier in eine
Schüssel aufschlagen, 1 ordentlichen
Schuss Milch oder Sahne dazugeben und
alles mit 1 kräftigen Prise Salz und Pfeffer
verrühren. Einen größeren Topf mit Wasser
füllen. Wasser aufkochen. Einen kleinen
Topf in den größeren stellen. Eiermasse in
den kleinen Topf geben und in 10–15 Min.
im heißen Wasserbad stocken lassen.
Eierstich vorsichtig aus dem Topf lösen
und in Würfel oder Streifen schneiden.

RÜHREI

Schnell was Warmes: 4 Eier in eine Schüssel aufschlagen, 1 ordentlichen Schuss
Milch oder Sahne dazugeben und alles mit
1 kräftigen Prise Salz und Pfeffer verrühren.
1 EL Öl in einer beschichteten Pfanne
erhitzen. Eier dazugeben. Sobald die Eiermasse stockt, Masse mit einem Holzlöffel
oder Pfannenwender umrühren. Sobald
die Masse nicht mehr flüssig ist, Rührei
mit Schnittlauch bestreuen und servieren.

RÜHREI MIT …

Für fantasievolle Köche: Rührei wie oben
beschrieben zubereiten und während
des Stockvorgangs Zutaten nach Wunsch
hinzufügen. Gut schmecken Rühreier
z. B. mit Schinken- oder Salamistückchen,
Paprikawürfeln, Mozzarella, geriebenem
Käse oder Tomatenachteln.

GEFÜLLTE EIER

Partyklassiker: 4 hart gekochte Eier halbieren, vorsichtig die Eigelbe herauslösen
und in eine Schüssel geben. Mit 2 EL frisch
gehackten Kräutern, 1/2 TL Senf, 1 TL Mayonnaise oder Ketchup nach Geschmack
verrühren. Eigelbmasse mit Salz und
Pfeffer würzen und glatt rühren und zurück
in die Eiweißhälften füllen.

GEMÜSE

WOKGEMÜSE

FÜR 2 PERSONEN

In 30 Min. fertig

1 Zwiebel
2 Knoblauchzehen
1 Stück frischer Ingwer (ca. 2 cm)
2 Möhren
100 g Zuckerschoten
1 Staude Chicorée
2 EL Öl
1/2 TL Currypaste
100 g Mungobohnensprossen
1/2 TL Zucker
1 EL Fischsauce
2 EL Sojasauce
1 EL Cashewkerne

1 Die Zwiebel schälen, halbieren und in Streifen schneiden. Knoblauch und Ingwer schälen und sehr fein würfeln.

2 Die Möhren mit dem Sparschäler schälen und in dünne Scheiben schneiden oder hobeln. Die Zuckerschoten waschen und diagonal halbieren. Den Chicorée waschen. Den Strunk entfernen, Blätter in Streifen schneiden.

3 Das Öl in einer großen Pfanne oder einem Wok erhitzen. Zwiebelstreifen darin 1–2 Min. unter Rühren anbraten. Dann Ingwer, Knoblauch und die Currypaste 2 Min. unter Rühren mitanbraten.

4 Nach und nach Möhren, Zuckerschoten und Chicorée in den Wok geben und jeweils 1/2–1 Min. unter Rühren mitbraten. Zum Schluss die Bohnensprossen unterrühren.

5 Alles mit dem Zucker bestreuen und mit Fisch- und Sojasauce würzen. Die Cashewkerne untermischen und Gemüse sofort servieren.

TIPP!

Um lasches oder zu rohes Gemüse beim Wokken zu vermeiden, sollte die Garzeit der Zutaten beachtet werden. Festes Gemüse wie Möhren oder Paprika zuerst, empfindliches Gemüse wie Sprossen zuletzt in den Wok rühren.

✳ VARIANTE COCONUT-CURRY

Das Gemüse darf ausgetauscht werden. Lecker schmecken auch Paprikaschote, Chinakohl oder Zucchini. Auch gut: Streifen von 1 Hähnchenbrustfilet nach den Zwiebeln mitanbraten, dann das Gemüse dazugeben und zum Schluss 160 ml Kokosmilch (1 kleine Dose) miterhitzen.

OFENGEMÜSE

FÜR 4 PERSONEN

In 1 Std. fertig

200 g Champignons
1 Fenchelknolle
1 rote Paprikaschote
2 kleine Zucchini
1 Aubergine
3–4 kleine Tomaten
2 Zwiebeln
4 Knoblauchzehen
je 1 Zweig Rosmarin und Thymian
6 EL Olivenöl
Salz, Pfeffer

✱ VARIANTE

Kurz vor Schluss der Backzeit 100 g geriebenen Emmentaler Käse oder Feta aufs Gemüse geben.

1 Den Backofen auf 200° vorheizen. Die Champignons putzen und je nach Größe ganz lassen oder halbieren. Das Gemüse waschen. Den Fenchel putzen, achteln und vom Strunk befreien. Paprikaschote halbieren, entkernen und nach Wunsch kleiner schneiden. Zucchini und Aubergine von den Enden befreien und quer in Scheiben schneiden. Die Tomaten halbieren.

2 Die Zwiebeln und den Knoblauch schälen. Die Zwiebel längs achteln und mit den Knoblauchzehen auf ein Backblech legen. Auch das vorbereitete Gemüse auf dem Blech verteilen.

3 Die Kräuter waschen und trocken schütteln. Nadeln bzw. Blättchen abzupfen und hacken. Olivenöl mit den Kräutern vermischen und über das Gemüse träufeln. Alles salzen und pfeffern.

4 Das Gemüse mit Alufolie abdecken und im heißen Ofen (Mitte, Umluft 180°) ca. 35 Min. garen. Dann die Alufolie entfernen und Gemüse im Ofen weitere 10 Min. garen.

TIPP!

Das abgekühlte Gemüse mit etwas Essig marinieren und als Antipasti servieren.

RATATOUILLE

FÜR 4 PERSONEN

In 40 Min. fertig

1 Zwiebel

2 Knoblauchzehen

2 kleine Auberginen

2 kleine Zucchini

1 gelbe Paprikaschote

2 EL Olivenöl

1 Dose Tomaten (Füllgewicht 400 g)

1/2 TL gehackter Rosmarin

Salz, Pfeffer

1 Die Zwiebel schälen und würfeln (s. Tipp Seite 22). Knoblauchzehen schälen (das geht am schnellsten, indem man mit der flachen Messerseite auf die Knoblauchzehe drückt; dann lockert sich die Schale) und ebenfalls würfeln.

2 Das Gemüse waschen. Auberginen und Zucchini von den Enden befreien. Die Paprikaschote halbieren und entkernen. Gemüse in Würfel oder mundgerechte Stücke schneiden.

3 Olivenöl in einem großen Topf erhitzen. Zwiebelwürfel und Knoblauch dazugeben und 1–2 Min. unter Rühren anbraten. Die Auberginen dazugeben und ca. 5 Min. unter Rühren mitbraten. Dann Zucchini und Paprika unterrühren und kurz mitbraten.

4 Die geschälten Tomaten in der Dose mit einem Messer zerteilen und auf das Gemüse gießen. Alles verrühren und mit Rosmarin, Salz und Pfeffer würzen. Das Gemüse zugedeckt bei schwacher Hitze in ca. 15 Min. bissfest schmoren und servieren.

❉ VARIANTE

Ratatouille mit Schafkäsewürfel, Oliven und gehackten Chilischoten ergänzen und mit Weißbrot servieren.

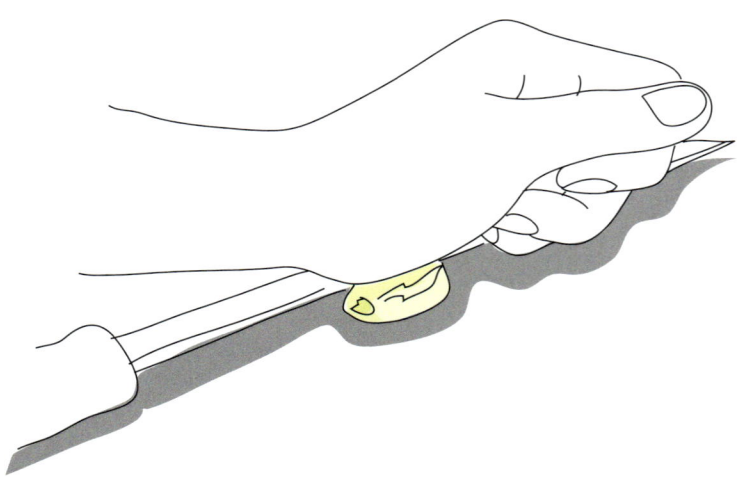

FLEISCH

SCHWEINEBRATEN

FÜR 4 PERSONEN

In 2 Std. 30 Min. fertig

800 g Schweinefleisch mit Schwarte
(z. B. Schulter; Schwarte vom Metzger
rautenförmig einschneiden lassen)
Salz, Pfeffer
2 Zwiebeln
1/2 TL Kümmel
1/2 l Fleischbrühe
1/8 l Bier

✳ VARIANTE
KALTER BRATEN

Den kalten Braten dünn aufschneiden,
mit Essig und Öl, Salz und Pfeffer (s. Vinaigrette Seite 52) marinieren und mit Weißbrot genießen.

1 Den Backofen auf 200° (Umluft nicht
geeignet) vorheizen. Das Fleisch salzen,
pfeffern und mit der Schwarte nach unten
in einen Bräter geben.

2 Die Zwiebeln schälen, in Würfel
schneiden (s. Tipp Seite 22) und mit dem
Kümmel um den Braten herum verteilen,
1 Schuss Wasser dazugeben.

3 Fleisch und Zwiebeln im heißen Ofen
(Mitte) ca. 45 Min. garen, dabei sollen
die Zwiebeln bräunen. Falls sie zu dunkel
werden, etwas Wasser angießen.

4 Nach 45 Min. die Hälfte der Brühe
angießen. Das Fleisch umdrehen und mit
der Schwarte nach oben weitere 70 Min.
im heißen Ofen garen, währenddessen
nach und nach mit der restlichen Brühe
und ca. 100 ml Bier begießen.

5 Dann die Ofentemperatur auf 225°
erhöhen. Braten mit dem restlichen Bier
begießen und noch 5–10 Min. im heißen
Ofen weiterbraten, bis die Schwarte schön
braun und knusprig ist. Fleisch aufschneiden und im Bräter mit dem Bratensud
servieren. Bratensud nach Wunsch vorher
durch ein Sieb passieren und mit Salz und
Pfeffer abschmecken. Dazu passen Kartoffelknödel.

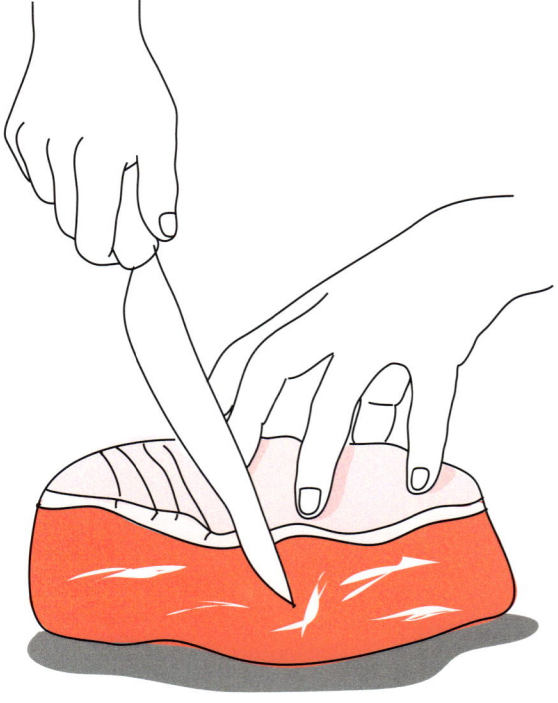

RINDERBRATEN

FÜR 4 PERSONEN

In 1 Std. 45 Min. fertig

800 g Rinderbraten (z. B. Schulter)
Salz, Pfeffer
1 große Zwiebel
1 Möhre
2 Stangen Staudensellerie
2 EL Öl
1/8 l Rotwein
ca. 1/2 l Brühe
1 EL getrocknete Steinpilze
100 g Sahne (1/2 Becher)

TIPP!

Der Rinderbraten schmeckt am besten mit Knödeln oder Kartoffelbrei.

1 Den Rinderbraten salzen und pfeffern. Die Zwiebel schälen und würfeln (s. Tipp Seite 22). Möhre und Sellerie ebenfalls schälen, putzen und in Stücke schneiden.

2 Das Öl in einem großen Topf erhitzen. Den Rinderbraten darin bei mittlerer bis starker Hitze in ca. 2 Min. rundherum anbraten. Das vorbereitete Gemüse dazugeben und kurz mitbraten.

3 Den Rotwein dazugießen und um die Hälfte einkochen lassen. Dann knapp 1/2 l Brühe dazugießen.

4 Die Steinpilze dazugeben und alles 1–1 1/4 Std. zugedeckt schmoren lassen. Falls nötig, noch Brühe angießen.

5 Rinderbraten in dünne Scheiben schneiden. Die Sauce nach Wunsch durch ein Sieb passieren und mit Sahne verfeinern. Sauce mit Salz und Pfeffer würzen und mit dem Braten servieren.

PANIERTES SCHNITZEL

 FÜR 2 PERSONEN

In 25 Minuten fertig

2 Schweineschnitzel (à 180 g)
Salz, Pfeffer
1 Ei (Größe M)
2 EL Mehl
3 EL Semmelbrösel
3 EL Öl
Zitronenschnitze zum Servieren

1 Die Schnitzel flach klopfen. (Wer keinen Fleischklopfer hat, kann dazu auch eine kleine Bratpfanne verwenden.) Schnitzel von beiden Seiten salzen und pfeffern.

2 Das Ei in einen Suppenteller aufschlagen und verquirlen.

3 Das Mehl und die Semmelbrösel jeweils auf einen flachen Teller geben.

4 Das Fleisch nacheinander in Mehl, Ei und den Semmelbröseln wenden.

5 Das Öl in einer Pfanne stark erhitzen. Die Schnitzel darin von jeder Seite 4–5 Min. goldgelb braten. Schnitzel mit Zitronenschnitzen anrichten. Dazu schmecken sehr gut Kartoffelsalat (s. Seite 46) und Gurkensalat (s. Seite 44).

TIPP!

Falls es Reste gibt: Schnitzel schmecken auch prima kalt in einer Semmel.

✳ **VARIANTE**
SCHNITZEL NATUR
Die Schnitzel beidseitig nur mit Pfeffer, Salz und 1 TL getrockneten Thymian würzen und in 1 EL Öl von jeder Seite ca. 4 Min. braten.

FLEISCHPFLANZERL

FÜR 4 PERSONEN / 8 STÜCK

In 30 Min. fertig

2 kleine Semmeln vom Vortag
1 Zwiebel
500 g Hackfleisch
1 Ei (Größe M)
1 EL gehackte Petersilie
1/2 TL getrockneter Majoran
Salz, Pfeffer
2 EL Semmelbrösel
2 EL Öl

1 Die Semmeln in lauwarmem Wasser einweichen, bis sie völlig durchtränkt sind.

2 Inzwischen die Zwiebel schälen, würfeln (s. Tipp Seite 22) und zusammen mit dem Fleisch, dem Ei, der Petersilie, dem Majoran und je 1 kräftigen Prise Salz und Pfeffer in eine Schüssel geben.

3 Semmelbrösel auf einen flachen Teller geben.

4 Die Semmeln aus dem Wasser nehmen, in einem Sieb ausdrücken und zur Fleischmasse geben.

5 Alles in der Schüssel mit den Händen verkneten und zu 8 kleinen Kugeln formen. Kugeln flach drücken, in den Semmelbröseln wenden und auf jeder Seite 5–8 Min. im Öl bei starker bis mittlerer Hitze braten.

TIPP!

Für Buffets walnussgroße Mini-Fleischpflanzerl machen. Lecker!

✻ VARIANTE
HACKBRATEN WIE BEI OMA

Backofen auf 180° (Umluft 160°) vorheizen. 1 Bund Suppengrün (Wurzelgemüse) waschen, putzen bzw. schälen und klein schneiden. Den fertigen Fleischpflanzerlteig zu einem großen Laib oder zu einer Rolle formen, in Semmelbrösel wenden und mit dem Gemüse in eine ofenfeste Form geben. Mit knapp 1 l Brühe begießen und 1 1/2–1 3/4 Std. im heißen Ofen (Mitte) backen, dabei den Braten nach ca. 1 Std. wenden. Hackbraten mit Kartoffelbrei servieren. Sud nach Wunsch durch ein Sieb passieren, abschmecken und als Sauce dazu genießen.

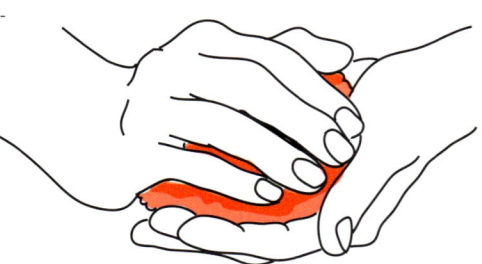

GESCHNETZELTES

FÜR 2 PERSONEN
In 30 Min. fertig
2 Putenschnitzel (à ca. 200 g)
1 Zwiebel
1 Zweig Estragon
1 EL Öl
Salz, Pfeffer
ca. 1/8 l Weißwein
50 ml Gemüsebrühe
200 g Sahne (1 Becher)

1 Die Putenschnitzel waschen, trocken tupfen und in fingerdicke Streifen schneiden.

2 Die Zwiebel schälen und würfeln (s. Tipp Seite 22). Estragon waschen und trocken schütteln. Blätter abzupfen und kleiner schneiden.

3 Das Öl in einer Pfanne erhitzen. Zwiebelwürfel darin 2–3 Min. anbraten. Dann das Putenfleisch dazugeben und 5–8 Min. unter Rühren mitbraten, bis es nicht mehr rosa ist.

4 Das gebratene Fleisch mit Estragon, Salz und Pfeffer würzen und mit dem Weißwein und der Brühe ablöschen. Wein und Brühe um die Hälfte einkochen lassen, dann die Sahne dazugießen.

5 Alles ca. 5 Min. weiterköcheln lassen und zum Schluss mit Salz und Pfeffer abschmecken. Dazu passen am besten Reis oder Nudeln.

**✳ VARIANTE
EXOTISCHES CURRY**
Zum gebratenen Fleisch und den Zwiebeln Ananasstücke aus der Dose geben. Alles mit Currypulver statt Estragon würzen und mit Ananassaft statt Wein ablöschen. Auch Kokosmilch statt Sahne macht das Curry cremig.

TIPP!

Keine Sahne daheim? Das Gericht gelingt auch mit Crème fraîche.

CHILI CON CARNE

FÜR 4 PERSONEN

In 1 Std. fertig

1 Zwiebel
2 Knoblauchzehen
1 große Möhre
2 EL Öl
500 g gemischtes Hackfleisch
1 EL Tomatenmark
150 ml Fleischbrühe
1 Dose Tomaten (Füllgewicht 400 g)
1 frische rote Chilischote
1 kleine Dose Mais
(Abtropfgewicht 140 g)
1 Dose Kidney Bohnen
(Abtropfgewicht 250 g)
1/2 TL Paprikapulver
Zucker
Salz, Pfeffer

1 Zwiebel schälen und würfeln (s. Tipp Seite 22). Knoblauch und Möhre schälen und ebenfalls in kleine Würfel schneiden.

2 Öl in einem großen Topf erhitzen. Zwiebelwürfel und Knoblauch darin bei mittlerer Hitze 1–2 Min. unter Rühren anbraten, dann die Möhrenwürfel dazugeben und kurz mitbraten.

3 Das Hackfleisch dazugeben und 4–6 Min. bei starker Hitze unter Rühren braten, bis es krümelig und braun ist.

4 Das Tomatenmark und die Brühe dazugeben. Die geschälten Tomaten in der Dose mit einem Messer zerteilen und ebenfalls in den Topf geben. Alles aufkochen und bei schwacher bis mittlerer Hitze zugedeckt ca. 15 Min. köcheln lassen.

5 Inzwischen die Chilischote halbieren, entkernen und fein würfeln. Vorsicht! Danach nicht mit den Fingern in den Augen reiben.

6 Den Mais in ein Sieb abgießen und mit der Chilischote in den Topf geben. Bohnen in ein Sieb abgießen, unter fließendem Wasser abspülen, gut abtropfen lassen und mit in den Topf geben.

7 Chili mit dem Paprikapulver und je 1 Prise Zucker, Salz und Pfeffer würzen, nochmals aufkochen und bei schwacher bis mittlerer Hitze zugedeckt weitere 15 Min. köcheln lassen. (Darf auch noch länger schmoren). Nochmals abschmecken und servieren.

✳ VARIANTE
MEXIKANISCHE TORTILLAS

Chili con Carne ist eine prima Füllung für Tortillas (mexikanische Maisfladen). Zusammen mit saurer Sahne, Salat und Tomaten in die aufgebackenen Fladen einrollen und sich schmecken lassen.

TIPP!

Chili lässt sich prima für Feste vorbereiten und schmeckt auch aufgewärmt sehr gut. Am besten gleich die doppelte Menge kochen und mit aufgeschnittenem Baguette servieren.

CHILI-CHICKEN

FÜR 4 PERSONEN
In 45 Min. fertig

4 Hähnchenkeulen (à 200 g)
Salz, Pfeffer
1 Stück frischer Ingwer (ca. 2 cm)
1 Orange
6 EL Sweet-Chili-Sauce
2 EL Sojasauce
1 Frühlingszwiebel

1 Den Backofen auf 200° (Umluft 180°) vorheizen. Die Hähnchenkeulen salzen und pfeffern. Im heißen Ofen (Mitte) auf dem Grillrost (Backblech unterschieben) oder in einer flachen Backform 35–40 Min. backen, bis die Haut knusprig und goldbraun ist.

2 Inzwischen für den Chili-Dip den Ingwer schälen und klein würfeln. Die Orange auspressen. Sweet-Chili-Sauce mit dem Ingwer, dem Orangensaft und der Sojasauce vermischen.

3 Die Frühlingszwiebel putzen, waschen, schräg in 1 cm große Stücke schneiden und unter die Sauce rühren.

4 Die gebratenen Hähnchenkeulen aus dem Ofen nehmen und mit der Sauce servieren.

TIPP!

Sind die Hähnchenkeulen nach 30 Min. noch zu blass? Dann die Ofentemperatur auf 225° erhöhen und Hähnchen noch 5–10 Min. im heißeren Ofen weiterbraten.

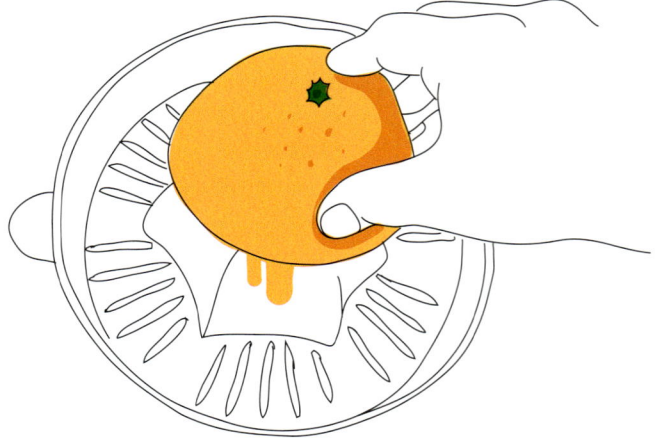

BRATHÄHNCHEN

 FÜR 4 PERSONEN

In 80 Min. fertig

2 EL Öl
1 küchenfertiges Hähnchen
(ca. 1 kg, vom Händler in 2 Hälften
schneiden lassen)
1 TL Paprikapulver
Salz, Pfeffer
8 mittelgroße Kartoffeln

TIPP!

Übrige Hähnchenteile schmecken am näch-
sten Tag auch prima kalt mit 1 gesalzenen
Butterbrot.

1 Den Backofen auf 200° (Umluft 180°)
vorheizen. Ein Backblech mit 1 EL Öl
bestreichen.

2 Die Hähnchenhälften mit dem Paprikapulver einreiben, mit Salz und Pfeffer
würzen und nebeneinander auf das Backblech legen.

3 Die Kartoffeln schälen und der Länge
nach vierteln. Dann mit Salz, Pfeffer und
restlichem Öl auf das Backblech geben.

4 Hähnchen und Kartoffeln im heißen
Ofen (Mitte) 45–55 Min. backen, bis die
Kartoffeln weich und die Hähnchenhälften
knusprig und goldbraun sind.

FISCH

FISCH FILETIEREN

1 Den gegarten Fisch an der Seitennaht mit einem stumpfen Messer längs aufschneiden.

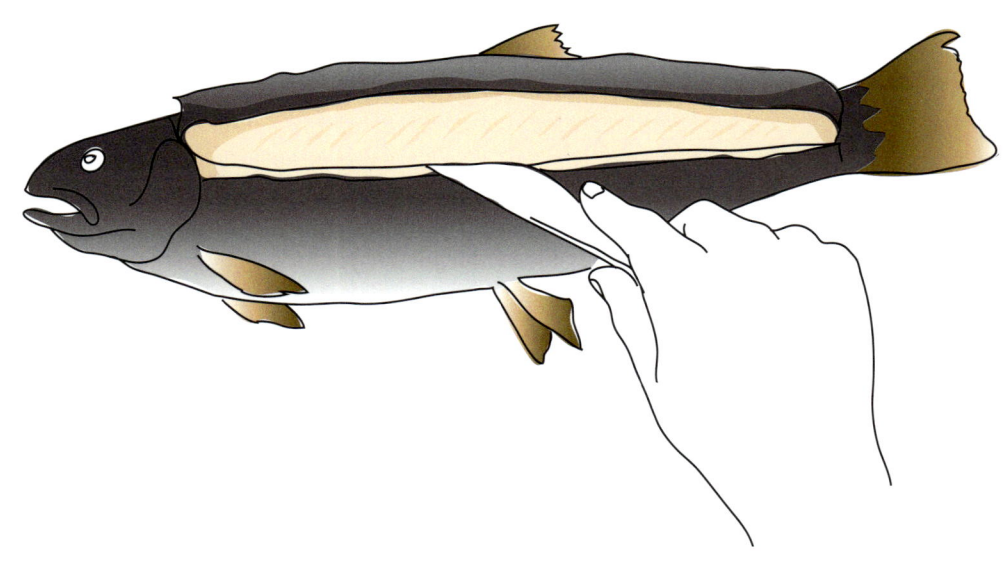

2 Die Haut und anschließend die Filets nach oben und unten ablösen. Dabei das Fleisch vorsichtig von der Mittelgräte lösen.

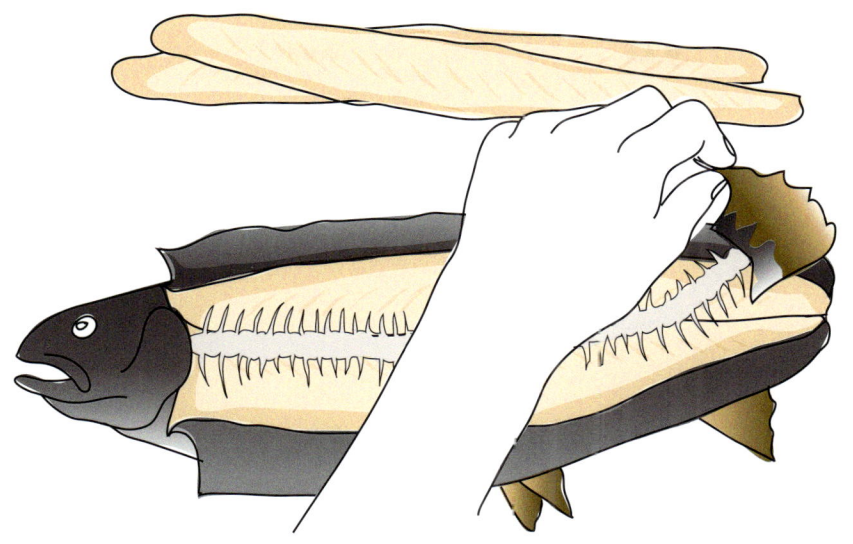

3 Die Schwanzflosse anheben und die Mittelgräte mit dem Kopf vom restlichen Fisch lösen.

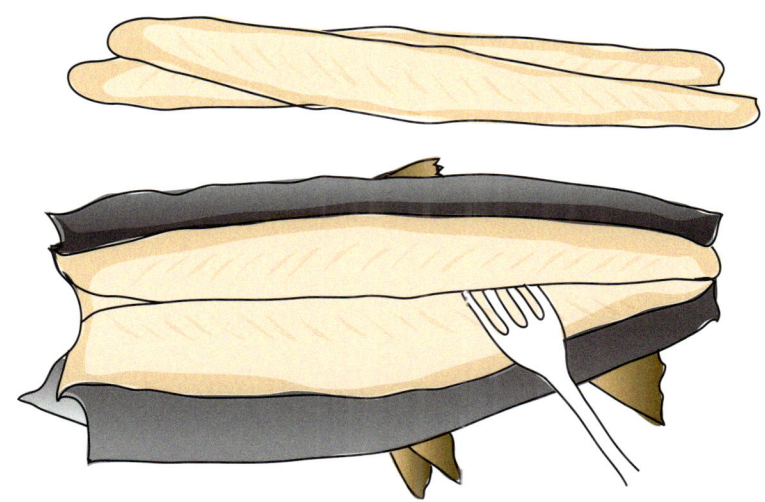

4 Zum Schluss die beiden Filets auf der Rückseite entnehmen.

FISCH AUS DEM OFEN

FÜR 2 PERSONEN

In 40 Min. fertig

4 EL Butter
2 küchenfertige, ausgenommene
Forellen (à ca. 300 g)
2 Knoblauchzehen
2–3 Stängel glatte Petersilie
2 EL Zitronensaft
Salz, Pfeffer
4 große Kartoffeln

1 Den Backofen auf 200° (Umluft 180°) vorheizen. Ein Backblech mit 1 EL Butter einfetten.

2 Die Forellen waschen, trocken tupfen und aufs Backblech legen.

3 Den Knoblauch schälen und halbieren. Petersilie waschen und trocken schütteln. Die Blätter grob hacken und mit dem Knoblauch, dem Zitronensaft und je 1 kräftigen Prise Salz und Pfeffer in die Fische füllen.

4 Die Kartoffeln schälen und längs in schmale Spalten schneiden. Kartoffeln neben den Forellen verteilen und salzen.

5 Restliche Butter in kleinen Flocken über den Forellen und den Kartoffeln verteilen.

6 Fische und Kartoffeln im heißen Ofen (Mitte) ca. 30 Min. garen. Herausnehmen und sofort servieren.

**✳ VARIANTE
FISCH IN FOLIE**

Pro Person 1 Dorade auf geölte Alufolie geben. Dorade mit Tomatenvierteln füllen und mit gehackten Kräutern wie Basilikum, Petersilie oder Salbei bestreuen. Mit Salz und Pfeffer würzen, die Alufolie an allen Seiten zu einem Päckchen einschlagen und Dorade ca. 30 Min. im 200° heißen Backofen (Umluft 180°) garen.

TIPP!

Auch tiefgekühlter Fisch eignet sich für dieses Gericht.

GEBRATENES FISCHFILET

FÜR 4 PERSONEN

In 20 Min. fertig

2–3 EL Mehl
4 Goldbarschfilets (800 g)
Salz, Pfeffer
2 EL Butter
2 EL Öl
1 Knoblauchzehe
2 Zweige Thymian
Zitronenschnitze zum Anrichten

1 Das Mehl in einen Teller geben. Die Fischfilets waschen, trocken tupfen, salzen, pfeffern und im Mehl wenden.

2 Butter und Öl in einer großen Pfanne heiß werden und aufschäumen lassen. Den Knoblauch schälen, mit dem Messer leicht andrücken und zusammen mit den Thymianzweigen dazugeben. (Damit wird die Butter-Öl-Mischung aromatisiert.)

3 Jetzt die Filets dazugeben und bei starker Hitze von jeder Seite 2–3 Min. braten, währenddessen mit Bratfett übergießen.

4 Filets mit Zitronenschnitzen anrichten. Dazu schmecken prima Salzkartoffeln oder Reis.

❋ **VARIANTE**
ASIATISCHES FISCHFILET

Zum Braten in der Pfanne eignet sich auch Lachs hervorragend. Statt des Thymians mal Ingwerstücke mit in die Pfanne geben und Fisch mit Limettenscheiben anrichten.

GARNELEN MIT SPAGHETTI

FÜR 4 PERSONEN

In 25 Min. fertig

Salz
2 Knoblauchzehen
2 Frühlingszwiebeln
16 Cocktailtomaten
500 g Spaghetti
4 EL Olivenöl
16 rohe, geschälte Garnelen oder
aufgetaute TK-Garnelen
ca. 1/8 l Weißwein
Pfeffer

∗ VARIANTE
GARNELEN MIT REIS
Asien lässt grüßen. Statt Tomaten 1 Zucchino waschen, von den Enden befreien
und in Würfel schneiden. Gemüsewürfel
mit den Garnelen anbraten. Alles mit
1 TL fein gehacktem Ingwer würzen, statt
mit Wein mit 200 ml Kokosmilch aus der
Dose aufgießen und mit Reis servieren.

1 Für die Spaghetti reichlich Wasser in
einem großen Topf aufkochen und salzen.

2 Während das Wasser aufkocht, den
Knoblauch schälen und hacken. Die Frühlingszwiebeln waschen, putzen und schräg
in Stücke schneiden. Die Cocktailtomaten
waschen.

3 Die Nudeln ins kochende Salzwasser
geben und darin nach Packungsanweisung bissfest kochen.

4 Während die Spaghetti kochen, das
Öl in einer großen Pfanne erhitzen. Die
Garnelen darin mit dem Knoblauch bei
mittlerer Hitze ca. 2–3 Min. von allen
Seiten anbraten. Mit Weißwein ablöschen.
Die Frühlingszwiebeln dazugeben.

5 Die Cocktailtomaten nach Wunsch
halbieren, mit in die Pfanne geben und
kurz darin erhitzen. Alles mit Salz und
Pfeffer würzen.

6 Spaghetti in ein Sieb abgießen, sofort
mit den Knoblauchgarnelen vermischen
und servieren.

PFANNKUCHEN

 FÜR 6–8 STÜCK
In 30 Min. fertig

300 g Mehl
1/2 l Milch
3 Eier (Größe M)
Salz, Zucker
3–4 EL Butterschmalz

✳ **VARIANTE**

Auch lecker: Pfannkuchen mit Gemüse
wie Ratatouille (s. Seite 76) oder Kompott
(z. B. Rhabarberkompott, s. S. 123) füllen.

1 Mehl, Milch und Eier mit je 1 Prise Salz
und Zucker mit dem Schneebesen oder
Handmixer zu einem dünnflüssigen Teig
ohne Klümpchen verrühren. Teig kurz ru-
hen lassen, damit das Mehl quellen kann.

2 Pro Pfannkuchen jeweils 1 TL Butterschmalz in einer Pfanne erhitzen.

3 Knapp 1 Schöpfkelle Teig gleichmäßig
in der Pfanne verteilen. Pfannkuchen bei
mittlerer Hitze in ca. 3 Min. goldbraun
backen, dann mit Hilfe eines Pfannenwen-
ders wenden und auf der anderen Seite
ebenfalls 3 Min. backen. Die Pfannkuchen
nach Wahl mit Marmelade, Zucker oder
pikant mit Käse servieren.

TIPP!

Aus übrigen Pfannkuchen einfach eine Suppeneinlage machen! Dazu die Pfannkuchen
aufrollen, in dünne Streifen schneiden und
in Gemüse- oder Fleischbrühe servieren. Die
Streifen eignen sich auch zum Einfrieren.

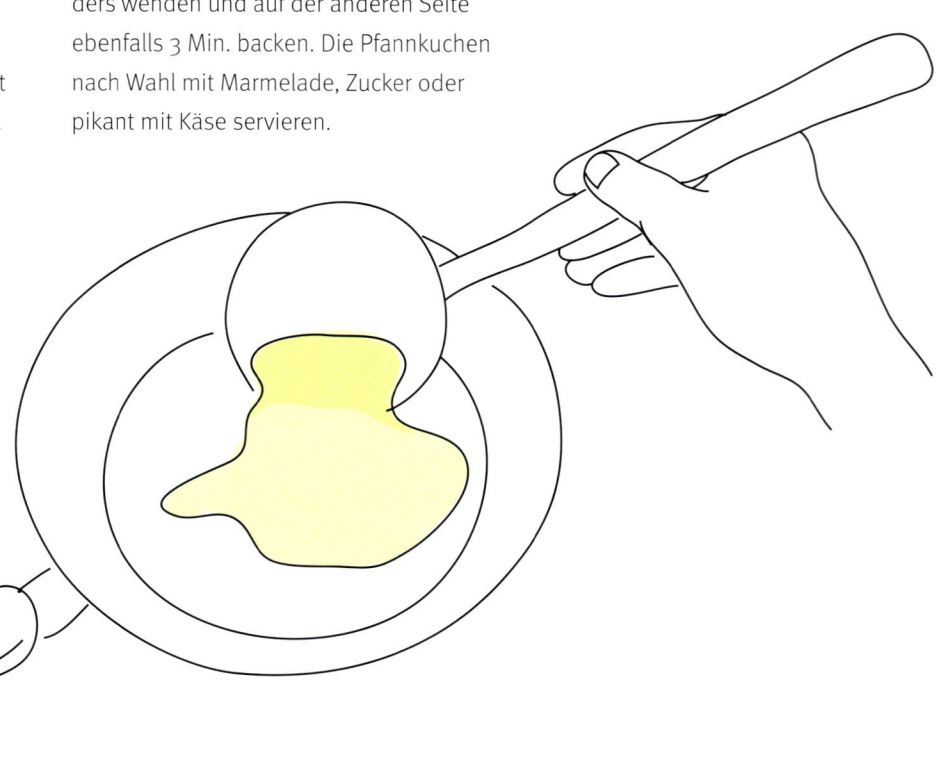

KAISERSCHMARRN

FÜR 2 PERSONEN

In 30 Min. fertig

3 Eier (Größe M)

100 g Mehl

ca. 100 ml Milch

2 EL Zucker

Salz

1 TL Butterschmalz

1–2 EL Rosinen

1 TL Puderzucker

1 Die Eier trennen (s. Seite 118). Die Eigelbe in eine große Schüssel geben. Die Eiweiße in einer zweiten hohen Schüssel mit dem Handmixer steif schlagen.

2 Die Eigelbe mit dem Mehl, der Milch, dem Zucker und 1 Prise Salz zu einem Teig verrühren.

3 Das geschlagene Eiweiß unter die Teigmasse heben.

4 Das Butterschmalz in einer Pfanne erhitzen. Den Teig in die Pfanne füllen. Die Rosinen daraufstreuen.

5 Teig bei mittlerer Hitze in 5–10 Min. goldbraun backen, anschließend wenden und dabei mit zwei Gabeln zerzupfen oder mit einem Pfannenwender zerteilen. Kaiserschmarrn weitere 3 Min. backen. Auf Tellern anrichten, mit Puderzucker bestäuben und servieren, z. B. mit Apfelmus. Im Frühjahr Rharbarberkompott (s. Seite 123) dazu reichen.

⁎ VARIANTE MIT ZWETSCHGENKOMPOTT

Auch selbst gekochtes Zwetschgenkompott passt prima zum Kaiserschmarrn. Dafür 300 g Zwetschgen waschen, entsteinen und vierteln. 2 EL Zucker in einem kleinen Topf bei mittlerer Hitze karamellisieren lassen und mit 1/4 l Rotwein ablöschen. Alles gut verrühren. Wenn sich der Zucker im Wein gelöst hat, Mischung mit 1 Zimtstange, 2 Nelken und 1/4 TL abgeriebener Schale von 1 Bio-Orange aromatisieren. Dann die Zwetschgen dazugeben. Alles aufkochen und 3–5 Min. offen unter Rühren kochen lassen, den Sud dabei etwas einköcheln lassen. Zum Servieren die Zimtstange und die Nelken entfernen.

APFELTIRAMISU

FÜR 4 PERSONEN

In 15 Min. fertig (+Kühlzeit)

80–100 g Löffelbiskuits
4 EL Amarettolikör
300–400 g Apfelmus
100 g Schmand (1/2 Becher)
150 g Quark (Magerstufe)
2 EL Zucker
100 g Sahne (1/2 Becher)
1 EL Zimtpulver

1 Die Löffelbiskuits in eine Form oder vier Gläser schichten, falls nötig zerkleinern. Biskuits mit dem Amaretto tränken und 1–2 cm dick mit Apfelmus bedecken.

2 Schmand, Quark und Zucker mit einem Handmixer oder auch mit dem Schneebesen verrühren.

3 Die Sahne in einer zweiten hohen Schüssel steif schlagen und anschließend unter die Quarkmasse heben.

4 Creme auf das Apfelmus geben. Das Dessert mit Zimt bestäuben und 3–4 Std. im Kühlschrank durchziehen lassen, dann servieren.

**✳ VARIANTE
KLASSISCHES TIRAMISU
OHNE EI**

Die Biskuits mit abgekühltem Espresso und Rum tränken und mit einer Creme aus 250 g Mascarpone, 100 g geschlagener Sahne und 2 EL Zucker bedecken, dann mit Kakao bestäuben.

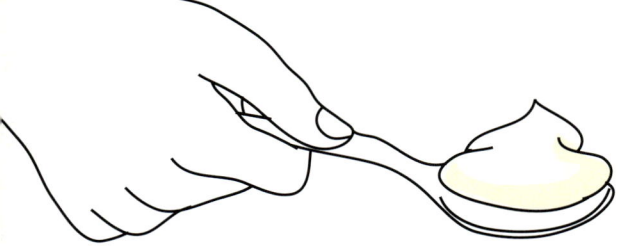

TIPPS!

Das Tiramisu schon am Vortag zubereiten und über Nacht im Kühlschrank durchziehen lassen. Fruchtig frisch und außerdem partytauglich! Denn Apfeltiramisu und klassische Variante werden hier ohne Ei zubereitet.

PANNA COTTA

FÜR 4 PERSONEN

In 30 Min. fertig

4 Blatt Gelatine
1 Vanilleschote
250 g Sahne
1/4 l Milch
2 EL Zucker
200 g Himbeeren (ersatzweise
TK-Himbeeren)
1 TL Puderzucker

1 Blattgelatine in einer kleinen Schüssel mit Wasser einweichen.

2 Die Vanilleschote halbieren und mit einem Messer das Mark herausstreichen.

3 Sahne und Milch in einen Topf geben und mit dem Vanillemark, der Schote und dem Zucker unter Rühren zum Kochen bringen. Dann den Topf vom Herd ziehen. Vanilleschote aus der Sahnemischung entfernen.

4 Jetzt die Gelatine aus dem Wasser nehmen, ausdrücken und zur Sahne in den Topf geben. Alles gut verrühren, bis die Gelatine aufgelöst ist. Förmchen mit heißem Wasser ausspülen. Dann die heiße Flüssigkeit in Förmchen gießen und abkühlen lassen.

5 Während der Abkühlzeit Himbeeren vorsichtig waschen und durch ein feines Sieb streichen. Sauce mit dem Puderzucker verrühren.

6 Abgekühlte Panna Cotta aus den Förmchen auf Teller stürzen. Dazu die Förmchen vorher ganz kurz in heißes Wasser tauchen. Vorsicht! Es darf kein Wasser auf die Panna Cotta laufen.

7 Das Himbeerpüree um die gestürzte Panna Cotta verteilen und servieren.

TIPP!

Statt der Himbeersauce passt auch prima eine Sauce aus pürierten Erdbeeren, Brombeeren oder ...

✱ VARIANTE
BAYRISCHE CREME

300 ml Milch mit dem Mark von 1 Vanilleschote aufkochen. Anschließend 1 Eigelb mit 1–2 EL Zucker zu einer hellen Masse aufschlagen. Aromatisierte Milch langsam unterrühren. Dann 4 Blatt aufgeweichte Gelatine unter die warme Masse geben. 200 g geschlagene Sahne unterheben. Creme in die Förmchen gießen und abkühlen lassen. Mit frischen Früchten genießen.

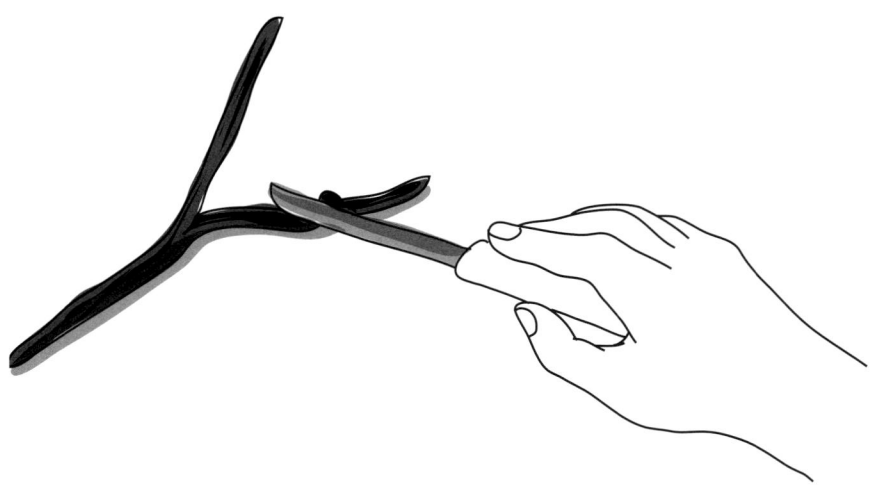

MILCHREIS

 FÜR 4 PERSONEN

In 35 Min. fertig

250 g Milchreis
800 ml Milch
3–4 EL Zimt und Zucker

**＊ VARIANTE
REISAUFLAUF**

Den Backofen auf 180° (Umluft 160°)
vorheizen. 2 Eier trennen (s. Seite 118). Die
Eiweiße steif schlagen. Den fertigen Milchreis mit den Eigelben und 1 EL Zucker vermischen, dann den Eischnee unterheben.
Nach Wunsch auch noch 2–3 EL Früchte
aus dem Glas (z. B. Kirschen) untermischen. Reis in eine ofenfeste, gebutterte
Form geben und im heißen Ofen (Mitte)
20–25 Min. backen, bis eine goldbraune
Kruste entsteht.

1 Den Reis mit der Milch in einen Topf
geben. Milch aufkochen lassen.

2 Dann den Reis bei sehr schwacher Hitze 25–30 Min. unter Rühren köcheln und
ausquellen lassen, bis der Milchreis sämig
ist. Vorsicht! Brennt leicht an.

3 Den Milchreis auf tiefe Teller oder
Schälchen verteilen, mit Zimt und Zucker
bestreuen und genießen.

TIPP!

Wer keine Lust hat, den Reis abzuwiegen:
2 Tassen Milchreis und gut 6 Tassen Milch
verwenden. Gut dazu: Bananenscheiben
oder Zwetschgenkompott.

MOUSSE AU CHOCOLAT

 FÜR 4–6 PERSONEN
In 30 Min. fertig (+Kühlzeit)

150 g Zartbitterschokolade
3 sehr frische Eier (Größe M)
50 g Zucker
2 EL Kaffeelikör (ersatzweise Rum)
1 TL Instant-Kaffeepulver
200 g Sahne

1 Ein Wasserbad vorbereiten. Dazu einen größeren Topf zur Hälfte mit Wasser füllen. Wasser aufkochen. Die Schokolade in kleine Stücke brechen und in einen kleineren Topf geben. Schokolade im kleinen Topf über dem heißen Wasserbad unter Rühren auflösen.

2 Die Eier trennen. In einer zum größeren Topf passenden Edelstahlschüssel die Eigelbe mit dem Zucker, dem Kaffeelikör und dem Kaffeepulver mit dem Handmixer kurz verrühren, dann über dem heißen, aber nicht kochenden Wasserbad in 5 Min. cremig aufschlagen.

3 Die Eiweiße und die Sahne jeweils in getrennten Schüsseln steif schlagen.

4 Jetzt die Eigelbmasse mit der Schokolade verrühren. Geschlagene Eiweiße und Sahne vorsichtig unterheben. Mousse 2–4 Std. im Kühlschrank durchkühlen lassen. Zum Servieren mit zwei Esslöffeln Nocken abstechen. Nach Wunsch Orangenfilets (s. Tipp Seite 36) dazu reichen.

TIPP!

Die dunkle Mousse schmeckt auch lecker mit warmem Kirsch- oder Orangenkompott. Das lässt sich wie Rhabarberkompott (s. Seite 123) zubereiten.

✳ **VARIANTE**
CRÊPES MIT MOUSSE
Dünne Pfannkuchen (s. Seite 108) zubereiten und mit der kalten Mousse au Chocolat füllen. Sofort servieren.

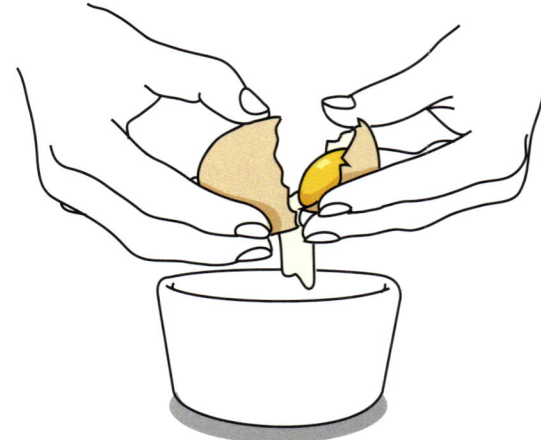

CREME CARAMEL

FÜR 4 PERSONEN
In 40 Min. fertig (+Kühlzeit)
8 EL brauner Zucker
1/2 l Milch
Salz
1 Vanilleschote
4 Eier (Größe M)

1 Zuerst den Karamellsirup zubereiten: Dazu 4 EL braunen Zucker in einem kleinen Topf bei schwacher Hitze schmelzen und goldbraun werden lassen. 2 EL Wasser einrühren und warten, bis sich der Karamell wieder verflüssigt hat.

2 Den flüssigen Karamellsirup auf vier Förmchen verteilen.

3 Den Backofen auf 180° (Umluft 160°) vorheizen. Eine flache Form oder die Fettpfanne des Backofens fingerbreit mit heißem Wasser füllen und in den aufheizenden Backofen (Mitte) stellen.

4 Milch, Salz und restlichen Zucker in einem Topf erhitzen. Die Vanilleschote längs halbieren, das Mark herausstreichen und dazugeben. Alles kurz aufkochen und dann vom Herd nehmen.

5 In einer Schüssel die Eier verquirlen und langsam in die etwas abgekühlte Vanillemilch einlaufen lassen, dabei ständig weiterrühren.

6 Die Milchmischung in die Förmchen gießen. Förmchen in das Wasserbad im Ofen stellen. Creme ca. 20 Min. darin garen, bis sie fest geworden ist. Die Creme ist gestockt, wenn die Oberfläche auf Druck mit der Fingerspitze leicht nachgibt.

7 Die Creme Caramel leicht abkühlen lassen, dann 3–4 Std. im Kühlschrank durchkühlen lassen. Zum Stürzen die Förmchen kurz in heißes Wasser tauchen.

✴ VARIANTE
CREME BRULÉE

Bei der Creme Brulée ist Karamell nicht unten in der Form, sondern oben auf der Creme. Die Eiermilch also ohne die Karamellschicht in die Förmchen geben und im Ofen garen. Danach die Creme komplett durchkühlen lassen. Backofen auf 225° vorheizen, am besten auch den Grill einschalten. Abgekühlte Creme mit braunem Zucker bestreuen. Zucker im Backofen karamellisieren lassen. Vorsicht! Brennt leicht an. Dessert dann ein wenig abkühlen lassen und servieren.

FRUCHTIGES

FRUCHTSALAT

Exotisch: 1 Honigmelone halbieren, die
Kerne mit einem Löffel herausschaben.
Die Melone achteln, die Schale wegschnei-
den, Fruchtfleisch in mundgerechte Stücke
schneiden. 1 Mango schälen, Fruchtfleisch
vom Kern und in Würfel schneiden. 1 Pa-
paya schälen, halbieren und ohne die
Kerne in Würfel schneiden. 1 Sternfrucht
waschen und quer in dünne Scheiben
schneiden. Die Fruchtstücke in einer
Schüssel mit 1–2 EL Limettensaft und
1 TL Puderzucker vermischen.

OBSTSALAT

Vitamine im Herbst: 1 Banane schälen
und in dünne Scheiben schneiden. 1 Apfel
vom Kernhaus befreien, achteln und in
Stücke schneiden. 1 Orange schälen,
in Segmente teilen und diese in mundgerechte Stücke schneiden. 1 Handvoll
kernlose Trauben waschen und halbieren.
Alle Fruchtstücke in eine große Schüssel
geben und mit 1 Spritzer Zitronensaft und
2 EL Honig vermischen. Mit Mandelsplit-
tern bestreuen und genießen.

FRUCHTPÜREE

Zu Eis, Quark- oder Cremespeisen: Beeren, Mango oder Pfirsiche pürieren und
anschließend durch ein Sieb streichen. Mit
Puderzucker abschmecken und servieren.

BROMBEERQUARK

Am besten im Spätsommer: 250 g Brombeeren zu Fruchtpüree verarbeiten
(s. links). Das Püree mit 250 g Quark
(Magerstufe) und 2 EL Zucker verrühren.
100 g Sahne (1/2 Becher) schlagen
und unter die Quarkmasse heben. Statt
des Brombeerpürees sind auch Pfirsiche
für den Quark geeignet.

RHABARBERKOMPOTT

Zu Kaiserschmarrn oder Vanilleeis: 4 rote Rhabarberstangen schälen und in mundgerechte Stücke schneiden. Zusammen mit 1 EL Vanillezucker in einen Topf geben und soviel Wasser zugeben, bis der Rhabarber fast bedeckt ist. Das Kompott ca. 5 Min. bei mittlerer Hitze kochen lassen, bis der Rhabarber weich ist.

MANGOSORBET

2 reife Mangos schälen. Das Fruchtfleisch vom Kern schneiden und würfeln. Mit dem Saft von 1 Limette und 50 g Puderzucker in einen hohen Becher geben und mit dem Pürierstab fein pürieren. Alles in eine Schüssel füllen und ins Gefrierfach stellen. Das Sorbet halbstündlich kräftig mit einem Schneebesen durchrühren. Nach ca. 4 Std. sollte es eine cremige Konsistenz haben. Dann ist das Sorbet fertig. Zum Servieren Nocken abstechen und mit frischen Früchten dekorieren.

ERDBEEREIS

500 g tiefgefrorene Erdbeeren mit 1 TL Puderzucker und 1 Spritzer Zitronensaft in einer hohen Schüssel mit dem Pürierstab pürieren. Esslöffelweise 200 g Sahne (1 Becher) untermixen, bis die Masse cremig ist. Das Eis noch kurz ins Tiefkühlfach stellen oder sofort genießen.

BACKEN

GEFÜLLTER BLÄTTERTEIG

PRO PERSON

In 35 Min. fertig

2 quadratische Platten TK-Blätterteig
(à 45 g)
1 Eigelb zum Bestreichen
Füllung nach Wahl

✳ APFEL-WINDRAD

Blätterteig auftauen lassen. Von den Ecken aus bis fast zur Mitte hin einschneiden. Den Backofen auf 180° (Umluft 160°) vorheizen. 1/2 Apfel schälen, vom Kernhaus befreien und in sehr kleine Würfel schneiden. Mit Zimt, Zucker und 1 Schuss Rum vermischen. Die Mischung auf die Teigquadrate verteilen. Jede zweite Spitze zur Mitte hin einschlagen und festdrücken. Mit verquirltem Ei bestreichen und backen.

✳ WÜRSTCHEN-ROLLE

Blätterteig auftauen lassen. Den Backofen auf 180° (Umluft 160°) vorheizen. 2 Wiener Würstchen mit je 1 Platte Blätterteig umwickeln. Das Eigelb verquirlen. Die beiden Rollen damit bestreichen und im heißen Ofen in 20–25 Min. goldgelb backen.

✳ SCHINKEN-KÄSE-HÖRNCHEN

Blätterteig auftauen lassen. Den Backofen auf 180° (Umluft 160°) vorheizen. Blätterteig diagonal in Dreiecke schneiden. Je 50 g gekochten Schinken und Emmentaler Käse in Streifen bzw. kleine Würfel schneiden. Schinkenstreifen und Käsestücke in die Mitte der Dreiecke legen. Blätterteig jeweils zur Spitze hin einrollen. Mit verquirltem Ei bestreichen und backen.

✳ FETA-SPINAT-PÄCKCHEN

Blätterteig und 50 g TK-Blattspinat auftauen lassen. Den Backofen auf 180° (Umluft 160°) vorheizen. 50 g Schafkäse (Feta) würfeln, mit dem Spinat vermischen und mit Pfeffer und etwas Salz würzen. Mischung in die Mitte der Teigplatten geben, Teigecken zur Mitte falten. Mit verquirltem Ei bestreichen und backen.

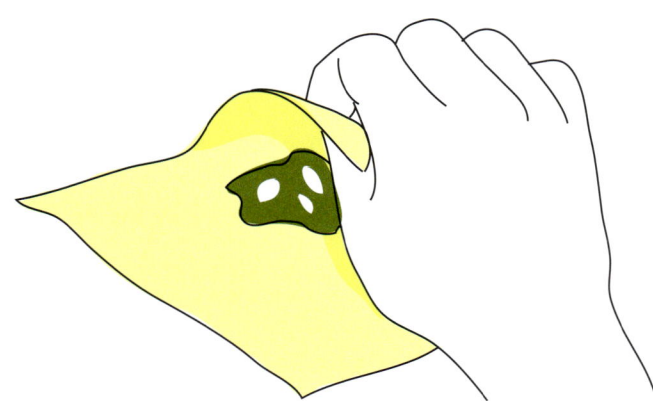

GEMÜSEKUCHEN MIT SPECK

 FÜR 1 QUICHE-, SPRING- ODER
TARTEFORM MIT 28 CM Ø
In 55 Min. fertig
200 g Mehl
100 g Butter (+ 1 TL Butter für die
Form)
Salz
4 Eier (Größe M)
2 Zwiebeln
1 Bund Frühlingszwiebeln
1 Zucchino
100 g Sahne
3 EL geriebener Emmentaler Käse
frisch geriebene Muskatnuss
Pfeffer
80 g Speckwürfel

✳ **VARIANTE**
QUICHE LORRAINE
Statt verschiedenen Gemüsesorten nur
2 Zwiebeln und etwas mehr Speck (ca. 100 g)
dazugeben.

1 Den Backofen auf 180° (Umluft 160°)
vorheizen.

2 Für den Mürbeteig das Mehl, die Butter,
1/2 TL Salz und 1 Ei schnell mit den Händen verkneten. Die Backform mit 1 TL Butter
einfetten. Mürbteig mit dem Nudelholz
rund und dünn ausrollen. Die Backform
damit auskleiden und mit dem Teig bis
zum Backen in den Kühlschrank stellen.

3 Inzwischen die Zwiebeln schälen und
würfeln (s. Tipp Seite 22). Frühlingszwiebeln und Zucchino waschen, von den
Enden befreien und klein schneiden.

4 Restliche Eier, Sahne und geriebenen
Käse mit je 1 kräftigen Prise Muskat, Salz
und Pfeffer vermischen.

5 Backform aus dem Kühlschrank nehmen. Das Gemüse und die Speckwürfel
in die Form geben und mit der Eiermasse
übergießen. Gemüsekuchen im heißen
Ofen (Mitte) 30–35 Min. backen.

TIPP!
Wenn's mal schnell gehen muss, TK-Blätterteig verwenden. Teig kurz antauen lassen,
ausrollen und in die Form geben.

AMARETTINI

FÜR CA. 50 STÜCK

In 35 Min. fertig

2 Eiweiße
Salz
200 g Puderzucker
200 g gemahlene Mandeln
4 EL Amarettolikör
Backpapier

1 Den Backofen auf 180° (Umluft 160°) vorheizen. Die Eiweiße mit 1 Prise Salz in einer Schüssel mit dem Handmixer steif schlagen. Nach und nach den Puderzucker dazugeben, bis die Masse cremig und glänzend ist. Das dauert 2–3 Minuten.

2 Die Mandeln und den Amarettolikör löffelweise unter das steif geschlagene Eiweiß heben, sodass eine luftige Masse entsteht.

3 Mit 2 Teelöffeln oder mit Hilfe einer Spritztülle gut haselnussgroße Häufchen auf ein mit Backpapier belegtes Backblech setzen und ca. 15 Minuten im heißen Backofen (Mitte) backen, bis die Plätzchen goldbraun sind.

4 Amarettini aus dem Ofen nehmen, auf dem Backblech abkühlen lassen und zum Kaffee genießen.

TIPP!

Am besten die Amarettini in 2 Portionen backen. So haben sie auf dem Backblech jeweils mehr Platz. In einer Metalldose halten sich die Plätzchen mehrere Wochen. In kleinen Tüten oder Dosen verpackt sind sie ein geschmackvolles Geschenk.

✱ VARIANTE KOKOSMAKRONEN

Den Backofen auf 180° (Umluft 160°) vorheizen. 4 Eiweiße mit 1 Prise Salz steif schlagen. 200 g Puderzucker nach und nach unterschlagen. 300 g Kokosraspel unter die Eiweißmasse heben. Schale von 1/2 Bio-Limette abreiben und zur Teigmasse geben. Auf einem Backblech kleine Oblaten (5 cm Ø) verteilen. Mit 2 Teelöffeln oder mit Hilfe einer Spritztülle darauf walnussgroße Teighäufchen setzen. Die Makronen im heißen Ofen (Mitte) ca. 15 Min. backen. Sie sollen außen noch weiß und innen weich sein. Makronen abkühlen lassen, dann nach Wunsch die überstehenden Oblaten abbrechen.

APFELKUCHEN

 FÜR 1 SPRINGFORM MIT 26
ODER 28 CM Ø

In 90 Min. fertig

125 g weiche Butter (+ 1 EL Butter für
die Form)

125 g Zucker (+ 1 TL Zucker zum
Bestreuen)

3 Eier (Größe M)

1/2 TL abgeriebene Schale von 1 Bio-
Zitrone

1 Prise Salz

200 g Mehl

1 gestrichener EL Backpulver

2–4 EL Milch

3 säuerliche Äpfel

2 EL Mandelblättchen

1 TL Zimt und Zucker

TIPP!

Statt Äpfeln: Auch Aprikosen- oder Pfirsich-
hälften, Zwetschgen oder Beeren schmecken
prima auf dem Kuchen.

1 Den Backofen auf 180° vorheizen.
Die Butter in einer großen Schüssel mit
dem Handmixer cremig schlagen. Dann
den Zucker unterrühren, bis er sich aufgelöst hat und die Masse weiß-schaumig ist.

2 Eier, Zitronenschale und Salz in die
Buttermasse geben und gut unterrühren.
Mehl und Backpulver mischen und nach
und nach abwechselnd mit der Milch zum
Teig geben. Alles gut verrühren, bis die
Masse cremig ist.

3 Die Backform mit Butter einfetten. Den
Teig in der Form gleichmäßig verteilen.

4 Die Äpfel schälen, vierteln und vom
Kernhaus befreien. Mit einer Gabel an der
Außenseite längs einritzen und mit der
eingeritzten Seite nach oben auf den Teig
legen.

5 Den Kuchen mit 1 TL Zucker und den
Mandelblättchen bestreuen und im
Backofen (Mitte, Umluft 160°) ca. 1 Std.
backen, bis die Oberfläche goldbraun ist.
Kuchen evtl. mit Alufolie abdecken, falls er
zu dunkel wird.

6 Kuchen aus dem Ofen nehmen, mit
Zimt und Zucker bestreuen und abkühlen
lassen. Apfelkuchen nach Wunsch mit
geschlagener Sahne servieren.

✳ VARIANTE
KIRSCH-SCHOKO-KUCHEN

3 EL Schokostreusel oder geraspelte
Schokolade in den fertigen Teig einrühren
und in die gefettete Backform geben.
500 g Kirschen aus dem Glas abtropfen
lassen und auf dem Teig verteilen. Kuchen
mit 1 EL Zucker bestreuen und wie links
beschrieben backen.

Die Kaffeetasse nur bis einen Fingerbreit unter den Tassenrand füllen, dann ist die richtige Menge in der Tasse. Wer sicher gehen will, misst exakt 125 ml Wasser ab.

WASSER

1 Tasse = 125 ml

REIS

1 Tasse = 150 g

GEMAHLENE MANDELN

1 gehäufter EL = 25 g

1 Tasse = 150 g

GEHACKTE KRÄUTER

1 gehäufter EL = 10 g

ZUCKER

1 gehäufter EL = 20 g

1 Tasse = 120 g

MEHL

1 gehäufter EL = 15 g

1 Tasse = 80 g

PUDERZUCKER

1 gehäufter EL = 15 g

1 Tasse = 80 g

TISCHDEKO

An einem phantasievoll gedeckten Tisch schmeckt das Essen gleich doppelt gut. Dekoration passend zu Gericht, Jahreszeit oder besonderem Anlass auswählen. Schön, wenn sich der gleiche Farbton in verschiedenen Accessoires wiederfindet. Als Dekomaterial eignen sich Kerzen, Servietten und Blumen, aber auch Kräuter, exotische Früchte oder buntes Herbstlaub.

MEERESRAUSCHEN

Passende Deko für Seafood: Schöne Muscheln aus dem letzten Urlaub auf dem Tisch verteilen. Dazu mit Sand gefüllte Windlichter und bunte Glassteine arrangieren.

HERBSTLICH

Buntes Laub, schöne Steine und kleine Kräutersträuße machen die Tischdekoration farbenfroh. Die Steine nach Wunsch bemalen oder mit Namen beschriften.

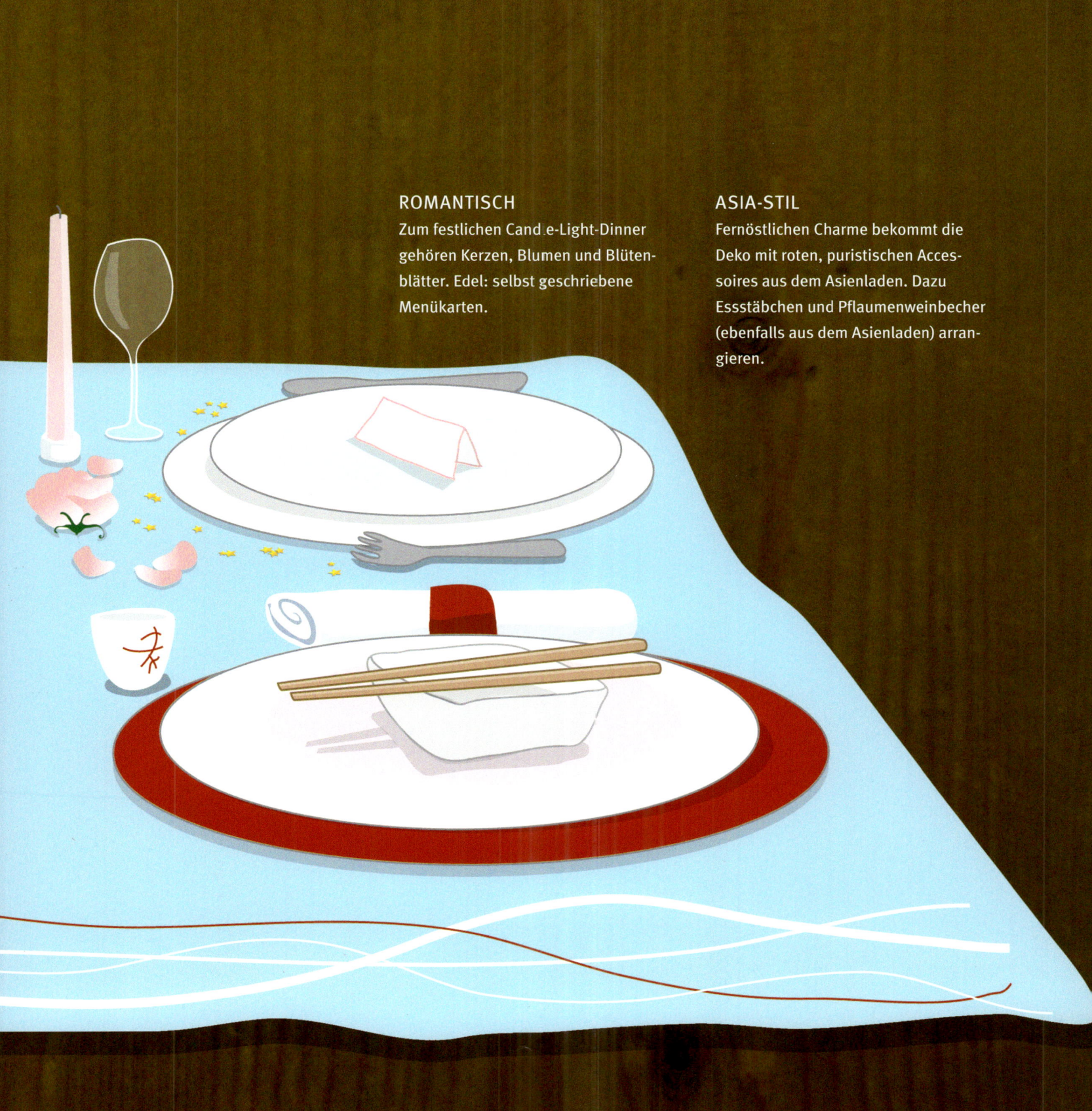

ROMANTISCH

Zum festlichen Cand.e-Light-Dinner
gehören Kerzen, Blumen und Blüten-
blätter. Edel: selbst geschriebene
Menükarten.

ASIA-STIL

Fernöstlichen Charme bekommt die
Deko mit roten, puristischen Accessoires aus dem Asienladen. Dazu
Essstäbchen und Pflaumenweinbecher
(ebenfalls aus dem Asienladen) arrangieren.

SERVIETTEN FALTEN

FÄCHER

TAFELSPITZ

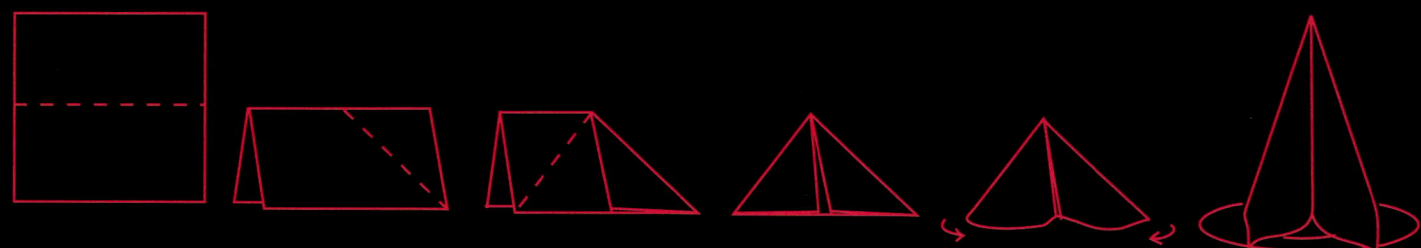

MÜTZE

REGISTER

Neben den Rezepttiteln stehen hier auch beliebte Zutaten wie **Äpfel** oder **Joghurt** – ebenfalls alphabetisch geordnet und **halbfett** gedruckt – über den entsprechenden Rezepten.

A

Amarettini 130
Ananas: Exotisches Curry (Variante) 88
Äpfel
  Apfelkuchen 132
  Apfeltiramisu 112
  Gefüllter Blätterteig 126
  Obstsalat 122
Asiatischer Krautsalat (Variante) 50
Auberginen
  Ofengemüse 74
  Ratatouille 76
Avocado: Guacamole 32

B

Basilikumpesto 53
Béchamelsauce 52
Blätterteig: Gefüllter Blätterteig 126
Bohnen
  Chili con Carne 90
  Mexikanische Tortillas (Variante) 90
  Salat Mexiko (Variante) 44
Brathähnchen 94
Brokkolicreme 28
Brombeerquark 122
Bruschetta 33

C

Chicorée
  Coconut-Curry (Variante) 72
  Wokgemüse 72
Chili-Chicken 92
Chili con Carne 90

China-Reispfanne 66
Coconut-Curry (Variante) 72
Creme Brulée (Variante) 120
Creme Caramel 120
Crêpes mit Mousse (Variante) 118

D/E

Datteln: Orangen-Rucola-Salat 38
Eier
  Apfelkuchen 132
  Creme Brulée (Variante) 120
  Creme Caramel 120
  Eibrot 68
  Eierstich 69
  Gefüllte Eier 69
  Gemüsekuchen mit Speck 128
  Kaiserschmarrn 110
  Kässpatzn 62
  Kirsch-Schoko-Kuchen (Variante) 132
  Mousse au Chocolat 118
  Pfannkuchen 108
  Pochierte Eier 68
  Quiche Lorraine (Variante) 128
  Reisauflauf (Variante) 116
  Rührei 69
  Schinkennudeln (Variante) 56
  Spaghetti carbonara 56
  Spiegelei 68
  Strammer Max 68
Erbsen
  China-Reispfanne 66
  Nudelpfanne (Variante) 66
Erdbeereis 123
Erdnusssauce 53
Exotisches Curry (Variante) 88

F

Farfalle mit Thunfisch-Salsa 60
Fenchel: Ofengemüse 74

Fisch
  Asiatisches Fischfilet (Variante) 102
  Fisch aus dem Ofen 100
  Fisch filetieren (Tipp) 98
  Fisch in Folie (Variante) 100
  Forellenfrischkäse 32
  Gebratenes Fischfilet 102
Fleischpflanzerl 86
Forellenfrischkäse 32
Fruchtpüree 122
Fruchtsalat 122

G

Garnelen mit Reis (Variante) 104
Garnelen mit Spaghetti 104
Gebratenes Fischfilet 102
Gefüllte Eier 69
Gefüllter Blätterteig 126
Gemüsecreme (Variante) 28
Gemüsekuchen mit Speck 128
Geschnetzeltes 88
Guacamole 32
Gurken
  Gurkensalat 44
  Salat Mexiko (Variante) 44
  Zaziki 52

H

Hackbraten wie bei Oma (Variante) 86
Hackfleisch
  Chili con Carne 90
  Fleischpflanzerl 86
  Hackbraten wie bei Oma (Variante) 86
  Mexikanische Tortillas (Variante) 90
  Sauce Bolognese (Variante) 58
Hähnchen und Huhn
  Brathähnchen 94
  Chili-Chicken 92
  China-Reispfanne 66
  Hühnerbrühe 26
  Nudelpfanne (Variante) 66
  Nudelsuppe (Variante) 26

Himbeeren: Panna Cotta 114
Hühnerbrühe 26
Hummus 33

J

Joghurt
  Gurkensalat 44
  Zaziki 52

K

Kaiserschmarrn 110
Kartoffeln
  Brathähnchen 94
  Fisch aus dem Ofen 100
  Kartoffeln als Beilage 140
  Kartoffelsalat 46
Kässpatzn 62
Kichererbsen: Hummus 33
Kirsch-Schoko-Kuchen (Variante) 132
Knoblauchbutter 32
Knödel als Beilage 140
Kokosmakronen 130
Kokosmilch
  Exotisches Curry (Variante) 88
  Garnelen mit Reis (Variante) 104
  Kürbissuppe 30
Kräuterbutter 32
Krautsalat 50
Kürbissuppe 30

L

Lasagne (Variante) 58
Lauchquark 32
Löffelbiskuits: Apfeltiramisu 112

M

Mais
  Chili con Carne 90
  Mexikanische Tortillas (Variante) 90
  Salat Mexiko (Variante) 44
Mango
  Fruchtpüree 122

Fruchtsalat 122

Mango schneiden (Tipp) 37

Mango-Mozzarella-Salat 40

Mangosorbet 123

Mediterraner Nudelsalat (Variante) 42

Mexikanische Tortillas (Variante) 90

Milchreis 116

Möhren

Chili con Carne 90

China-Reispfanne 66

Coconut-Curry (Variante) 72

Möhrensalat 48

Nudelpfanne (Variante) 66

Rinderbraten 82

Wokgemüse 72

Mousse au Chocolat 118

Mozzarella

Mango-Mozzarella-Salat 40

Mozzarella mit Tomaten (Variante) 40

N

Nudeln

Farfalle mit Thunfisch-Salsa 60

Garnelen mit Spaghetti 104

Lasagne (Variante) 58

Nudeln als Beilage 140

Nudelpfanne (Variante) 66

Nudelsalat 42

Nudelsuppe (Variante) 26

Penne mit scharfer Sauce 58

Schinkennudeln (Variante) 56

Spaghetti carbonara 56

O

Obatzda 33

Obstsalat 122

Ofengemüse 74

Orangen

Chili-Chicken 92

Kürbissuppe 30

Obstsalat 122

Orange filetieren (Tipp) 36

Orangen-Rucola-Salat 38

P

Paniertes Schnitzel 84

Panna Cotta 114

Paprikaschoten

China-Reispfanne 66

Nudelpfanne (Variante) 66

Ofengemüse 74

Paprikarelish 33

Ratatouille 76

Penne mit scharfer Sauce 58

Pfannkuchen 108

Pfirsiche: Fruchtpüree 122

Pilze

Ofengemüse 74

Rinderbraten 82

Pochierte Eier 68

Pute

Exotisches Curry (Variante) 88

Geschnetzeltes 88

Q

Quark

Apfeltiramisu 112

Brombeerquark 122

Lauchquark 32

Quiche Lorraine (Variante) 128

R

Ratatouille 76

Reis

Garnelen mit Reis (Variante) 104

Milchreis 116

Reis als Beilage 140

Reisauflauf (Variante) 116

Risotto 64

Tomatensuppe mit Reis (Variante) 24

Rhabarberkompott 123

Rinderbraten 82

Risotto 64

Rührei 69

S

Sahnesauce 52

Salat Mexiko (Variante) 44

Sauce Bolognese (Variante) 58

Schafkäse

Gefüllter Blätterteig 126

Mediterraner Nudelsalat (Variante) 42

Ofengemüse (Variante) 76

Penne mit scharfer Sauce 58

Ratatouille (Variante) 76

Schinken

Gefüllter Blätterteig 126

Schinkennudeln (Variante) 56

Strammer Max 68

Schnitzel natur (Variante) 84

Schokolade

Kirsch-Schoko-Kuchen (Variante) 132

Mousse au Chocolat 118

Schweinefleisch und Speck

Gemüsekuchen mit Speck 128

Kalter Braten (Variante) 80

Krautsalat 50

Paniertes Schnitzel 84

Penne mit scharfer Sauce 58

Quiche Lorraine (Variante) 128

Schnitzel natur (Variante) 84

Schweinebraten 80

Spaghetti Carbonara 56

Semmelknödel als Beilage 140

Spaghetti carbonara 56

Spaghetti mit Garnelen 104

Spiegelei 68

Spinat: Gefüllter Blätterteig 126

Sprossen

China-Reispfanne 66

Coconut-Curry (Variante) 72

Nudelpfanne (Variante) 66

Wokgemüse 72

Strammer Max 68

T

Thunfisch: Farfalle mit Thunfisch-Salsa 60

Tomaten

Bruschetta 33

Chili con Carne 90

Farfalle mit Thunfisch-Salsa 60

Fisch in Folie (Variante) 100

Garnelen mit Spaghetti 104

Guacamole 32

Mexikanische Tortillas (Variante) 90

Mozzarella mit Tomaten (Variante) 40

Nudelsalat 42

Ofengemüse 74

Penne mit scharfer Sauce 58

Ratatouille 76

Sauce Bolognese (Variante) 58

Tomatenpesto 53

Tomatensuppe 24

Tomatensuppe mit Reis (Variante) 24

Tortillas: Mexikanische Tortillas (Variante) 90

V/W/Z

Vinaigrette 52

Weißkohl: Krautsalat 50

Wiener Würstchen: Gefüllter Blätterteig 126

Wokgemüse 72

Zaziki 52

Zucchini

Garnelen mit Reis (Variante) 104

Gemüsekuchen mit Speck 128

Ofengemüse 74

Ratatouille 76

Zuckerschoten

Coconut-Curry (Variante) 72

Wokgemüse 72

Zwetschgenkompott (Variante) 110

Zwiebel würfeln (Tipp) 22

BEILAGEN

NUDELN

In einem großen Topf reichlich Wasser zum Kochen bringen. Mit 1–2 TL Salz würzen. Sobald das Wasser sprudelnd kocht, die Nudeln dazugeben und umrühren. Hitze reduzieren. Nudeln nach Packungsanweisung bissfest kochen, dabei regelmäßig umrühren. So verkleben sie nicht. Dann durch ein Sieb abgießen und sofort servieren.
Pro Person als Beilage 50–75 g, als Hauptgericht 100–150 g.

KARTOFFELN

Salzkartoffeln: Kartoffeln schälen und je nach Größe halbieren. Die Stücke sollten annähernd gleich groß sein. Kartoffeln in ca. 20 Min. in reichlich kochendem Salzwasser bissfest garen. Zum Schluss mit einer Gabel reinstechen und testen, ob die Kartoffeln weich genug sind.

Pellkartoffeln: Kartoffeln in der Schale in reichlich kochendem Salzwasser in ca. 20 Min. bissfest garen. Abgießen, noch heiß schälen und mit Butter und Salz oder Käse genießen.

Bratkartoffeln: Ausgekühlte Pellkartoffeln schälen, in Scheiben schneiden und in der Pfanne in etwas Öl knusprig braten. Fein geschnittene Zwiebeln oder Paprikastückchen kurz mitbraten, Kartoffeln mit Salz, Pfeffer und nach Wunsch 1 Prise Paprika würzen.

Kartoffelbrei: 500 g Salzkartoffeln sehr weich kochen und anschließend mit dem Schneebesen oder Handmixer und 100 ml heißer Milch glatt rühren, bis ein Püree entsteht. Mit Salz und Muskat würzen.
Pro Person 150–200 g Kartoffeln als Beilage, 300 g als Hauptgericht.

KNÖDEL

Schnelle Kartoffelknödel: Für 5–6 Stück 1 Packung Knödelteig aus dem Kühlregal durchkneten. Teig zu Knödeln formen, diese ca. 20 Min. in siedendem Salzwasser gar ziehen lasssen.

Selbst gemachte Kartoffelknödel: Für 5–6 Stück 1,5 kg rohe Kartoffeln schälen, reiben und sehr fest in einem Küchentuch auspressen. Die Kartoffelmasse mit 1/4 l kochendheißer Milch übergießen. 300 g Pellkartoffeln vom Vortag schälen und reiben und zusammen mit der rohen Kartoffelmasse und 1/2 TL Salz zu einem weichen Teig verkneten. Teig zu Knödeln formen, diese ca. 20 Min. in siedendem Salzwasser gar ziehen lassen.

Semmelknödel: Für 5–6 Stück 500 g Knödelbrot (klein geschnittene Semmeln) mit 100 ml Milch übergießen und kurz ziehen lassen. Dann mit 2 Eiern, 2 EL gewürfelter Zwiebel, Salz, Pfeffer und 1 TL gehackter Petersilie vermengen. Teig zu Knödeln formen, diese ca. 20 Min. in siedendem Salzwasser gar ziehen lassen.
Pro Person 1–2 Knödel als Beilage.

REIS

Quellreismethode für **Langkornreis:** Auf 1 Tasse Reis 2 Tassen Wasser in einen Topf geben. Wasser salzen und mit dem Reis aufkochen, bei schwacher Hitze nach Packungsanweisung zugedeckt ausquellen lassen. **Rundkornreis** für Risotto und Milchreis braucht mehr Flüssigkeit.
Basmatireis vor dem Kochen mit kaltem Wasser ausspülen, dann verliert er an Stärke und wird nicht matschig.
Pro Person als Beilage 50–75 g, als Hauptgericht ca. 100 g.

Kochlust pur

Die brandneuen »Klein, aber oho!«-Kochbücher

ISBN 978-3-8338-0669-8
48 Seiten

ISBN 978-3-8338-0667-4
48 Seiten

ISBN 978-3-8338-0664-3
48 Seiten

Preis je Band: 4,90 € [D]

ISBN 978-3-8338-0659-9
48 Seiten

ISBN 978-3-8338-0665-0
48 Seiten

ISBN 978-3-8338-0670-4
48 Seiten

Änderungen und Irrtum vorbehalten.

Das macht sie so besonders:

Einfach einsteigen – mit ein, zwei Happen Küchenpraxis

Einfach loskochen – mit gelingsicheren Rezepten

Einfach gut essen – und voll im Trend genießen

Willkommen im Leben.

IMPRESSUM

© 2008
GRÄFE UND UNZER VERLAG GmbH,
München

Alle Rechte vorbehalten. Nachdruck, auch auszugsweise, sowie die Verbreitung durch Film, Funk, Fernsehen und Internet, durch fotomechanische Wiedergabe, Tonträger und Datenverarbeitungssysteme jeglicher Art nur mit schriftlicher Genehmigung des Verlages.

Programmleitung: Doris Birk
Leitende Redakteurin: Birgit Rademacker
Projektleitung, Redaktion und Bild-Redaktion: Sigrid Burghard
Konzept, Gestaltung, Fotografie, Illustrationen: Martina Frank
Art Direction: Horst Moser
Lektorat: Susanne Bodensteiner
Korrektorat: Cora Wetzstein
Satz: Filmsatz Schröter, München
Herstellung: Markus Plötz
Reproduktion: Penta Repro, München
Druck: Firmengruppe Appl, Wemding
Bindung: Conzella, Pfarrkirchen
ISBN: 978-3-8338-0957-6

1. Auflage 2008

GRÄFE UND UNZER

Ein Unternehmen der
GANSKE VERLAGSGRUPPE

Martina Frank liebt unkomplizierte Gerichte, mit denen sie regelmäßig ihre Freunde verwöhnt. Während ihres Grafik-Design-Studiums brachte sie die Leidenschaft fürs Kochen und ihre Lieblingsrezepte – zur Begeisterung ihres Freundeskreises – zu Papier. Die kreative 26-jährige besticht nicht nur durch ihre Kochkünste, bereits zu Schulzeiten entdeckte sie ihr Talent für die Fotografie. Deshalb hat sie die Rezepte nicht nur geschrieben, ausprobiert und perfektioniert, sondern auch arrangiert, fotografiert und illustriert.

Die Verwendung der Titelformulierung »COOK MAL« wurde uns freundlicherweise genehmigt von der Cookmal – Gesellschaft zur Förderung des Beratungshandels mbH & Co.

– Erlebniswelt des Kochens –

... bitte besuchen Sie uns unter:
www.cookmal.de   www.cookplanet.de